继承法律制度研究

杜江涌　著

中国人民公安大学出版社
·北　京·

图书在版编目（CIP）数据

继承法律制度研究 / 杜江涌著．—北京：中国人民公安大学出版社，2020.7

ISBN 978-7-5653-3918-9

Ⅰ.①继…　Ⅱ.①杜…　Ⅲ.①继承法-研究-中国
Ⅳ.①D923.54

中国版本图书馆 CIP 数据核字（2020）第 046264 号

继承法律制度研究

杜江涌　著

出版发行：中国人民公安大学出版社
地　　址：北京市西城区木樨地南里
邮政编码：100038
经　　销：新华书店
印　　刷：北京市科星印刷有限责任公司

版　　次：2020 年 7 月第 1 版
印　　次：2020 年 7 月第 1 次
印　　张：7.625
开　　本：880 毫米×1230 毫米　1/32
字　　数：184 千字

书　　号：ISBN 978-7-5653-3918-9
定　　价：32.00 元

网　　址：www.cppsup.com.cn　www.porclub.com.cn
电子邮箱：zbs@cppsup.com　zbs@cppsu.edu.cn

营销中心电话：010-83903254
读者服务部电话（门市）：010-83903257
警官读者俱乐部电话（网购、邮购）：010-83903253
法律图书分社电话：010-83905745

前　言

继承是不可避免的社会现象。从原始普遍使用权的实践中，自然的私人财产权油然而生。①

有社会，斯有法律；有法律，斯有社会。继承法最清楚地说明了法对于生产关系的依存性，反映着家庭或亲属之间的身份关系及财产关系，与宏观经济体制的运行有千丝万缕的联系；同时，继承制度的设计，体现了人们的继承心理，代表着人们的时代性财产观念和权利意识。

随着社会的发展，公民个人所拥有的财产数量越来越多，财产类型日趋多样化；在司法实践中，继承纠纷比重逐年加大，所涉及的法律关系日益复杂。要充分发挥法律的规范、导向功能，法治建设进程就必须同社会过程本身紧密联系，即法律生活化。“法是社会的有序性原则，它是社会中每个人的实际行为。我服从法律不仅是因为我怕被监禁或罚款，而且是因为如果我不服从，我和其他人之间所建立的经济的、社会的、感情的和政治的交往的平衡就会被打破，其他人就会逐渐割断与我的交往，从而使我孤立，使我们所熟悉的生活不能继续下去。”②

---

① ［澳］斯蒂芬·巴克勒著：《自然法与财产权理论：从格劳秀斯到休谟》，周清林译，法律出版社2014年版，第12页。

② 朱景文：《现代西方法社会学》，法律出版社1994年版，第55页。

基于此，我决心写一本研究继承法的书。① 我希望借此对继承制度进行一次梳理，在比较研究的基础上，对遗产的范围、法定继承、遗嘱继承、遗产管理、遗产债务的清偿、胎儿继承权等内容进行多维度解读，以期引玉。

继承立法涉及诸多问题。鉴于本书篇幅所限，仅对部分问题进行分析论证：

第一，关于遗产的范围。通过考察继承法的发展史不难发现，继承制度经历了一个从身份与财产的混合继承到财产继承的发展过程。作为继承客体的遗产，其范围的演化也经历了身份权日渐式微与财产权日益扩张的过程。对遗产范围的规定应采用概括规定与排除式相结合的立法方式，即一方面从正面规定“遗产由继承开始时属于被继承人的物、其他财产权利构成”，另一方面同时规定“与被继承人紧密联系不可分割的权利不能构成遗产”。同时，应采用归扣制度，扩大实质意义上的遗产范围。

第二，关于法定继承。在具体实践中，有些国家立法规定的享有法定继承权的亲属范围较为宽泛，有些国家则规定得较为狭窄。我国法定继承人的范围较窄，其外延应予以扩大，赋予三代以内旁系血亲以继承资格。同时，应删除 1985 年《继承法》第 12 条之规定；关于法定继承顺序，立法在确定继承人的顺序问题

① 本书系横向课题“机构养老格式合同研究”的子成果。我对继承制度的研究，由来已久：我的硕士毕业论文为《法定继承制度研究》，博士毕业论文为《遗产债务制度研究》，博士后的出站报告为《家事法与家事习惯》。其中论文《我国法定继承制度的立法构想》（与陈苇合著）发表于《现代大学》2002 年第 3 期（后被人大复印资料：民商法学全文转载）；论文《解读与重构：继承中的财产移转机制研究——以“和谐社会”理念为视角》发表于《云南行政学院学报》2006 年第 3 期（后被人大复印资料：民商法学全文转载）；专著《遗产债务法律制度研究》于 2013 年 1 月由群众出版社出版；专著《家事法与家事习惯——晋中地区家事习惯调查报告》于 2017 年 9 月由华中科技大学出版社出版。此外，还参与了多项与此相关的校级、省部级、国家级课题项目。

上，依据是继承人与被继承人之间存在的婚姻关系、血缘关系和长期共同生活关系，但对这几种关系谁更重要的认识不同，因而对不同种类继承人顺序的排列也就不同。我国法定继承的顺序只有两个序列，建议把子女及其直系卑血亲列为第一顺序继承人，把父母列为第二顺序继承人，把兄弟姐妹及其子女列为第三顺序继承人，把祖父母、外祖父母列为第四顺序继承人，配偶则可与各顺序的继承人共同继承；关于配偶的应继份，我国现行立法未规定先取权和用益权，对父母、祖父母、外祖父母等血亲继承人未规定遗产使用权，是其不足，应予补充、完善。

第三，关于遗嘱继承。从纵向来看，遗嘱自由原则的发展趋势就是，对遗嘱人处分自己身后财产的权利设置一定的限制，如“特留份”制度，但是在受到限制下，又赋予遗嘱人充分的自由处分自己的财产的权利，对遗嘱人遗嘱自由的限制并不妨碍遗嘱人自由地处分自己的财产，即遗嘱人想要将遗产多分给谁，少分给谁，想要将某项具体财产分给谁，不分给谁，法律并不干预；继承法关于公证遗嘱的优先效力之规定，并不能达到遗嘱人订立遗嘱以减少继承纠纷的目的。可以借鉴他国的立法模式，采取单独的法条对公证遗嘱具体办理步骤进行规定，同时，规定遗嘱人设立公证遗嘱的具体形式要求，明确公证遗嘱与其他形式遗嘱间的法律关系。针对打印遗嘱的相关问题，在认定其效力时，一方面，应当对遗嘱形式要件的严格要式性表示认可并遵循；另一方面，出于对遗嘱人真实意愿的保护，也应当在遗嘱形式要式性的范围内对打印遗嘱形式上所存在的瑕疵进行包容，而不可过分追求遗嘱的外在形式。就打印遗嘱的法律性质而言，打印遗嘱可以依据其形成途径的不同被看作自书或代书遗嘱。

第四，关于遗产管理人制度。遗产管理人制度便于实现遗产管理的连贯性，我国继承立法应对遗产管理人制度予以完善。

从遗产管理人的范围来看，除无民事行为能力人、受破产宣告未复权者、被剥夺公权尚未复权者外，继承人和第三人均可担任遗产管理人。遗产管理人的职责范围主要包括：（1）审查遗嘱；（2）清理登记遗产；（3）妥善管理和保护遗产并进行必要的处分；（4）分配遗产。当出现下列情状时，遗产管理职务终结：（1）遗产分配完毕；（2）管理人死亡或丧失行为能力；（3）作为管理人的法人破产或终止；（4）管理人辞职；（5）管理人被解职。

第五，关于遗产债务清偿制度。我国继承法律制度对遗产债务的范围没有明确界定，遗产债务是指被继承人生前因其行为所产生的应当由个人负担的债务和遗产应负担的费用；在遗产不足以清偿全部债务时，有可能出现遗产债务的清偿顺序的问题。确定遗产债务清偿顺序，应贯彻"共益费用"随时清偿、最必要性和先有偿后无偿原则。当公民死亡后，特别是继承人放弃继承后，因继承人对被继承人依法应当缴纳的税款和债务可以不负清偿责任，债权人的利益难以得到保障。对民事法律关系中的债权债务关系和行政法律关系中的纳税和征税关系作出法律上的确认和处理，进入清产和还债程序是完全可行的，设立死亡公民破产还债程序势在必行。我国限定继承制度与"父债子偿"传统观念并非完全对立，从一定程度上说，"父债子偿"体现在我国限定继承制度之中，根据我国《继承法》第 33 条之规定，继承人自愿偿还的，不在此限。法律并不禁止"子"自愿偿还"父债"。在我国信用体制尚未建立的情况下，"父债子偿"还具有一定的存在价值，是信誉之体现。

第六，与继承制度相关的问题探讨。通过对典型案例的分析，就胎儿继承权、代位继承制度、分家析产的效力问题进行探究。我国古代社会，长期以来诸法合体，对人的身体、健康、生命、身份等“权利”的保护，都侧重于刑罚保护，而且，没有对胎儿保护的规定。直到今天，我国在立法上对胎儿利益的保护还非常薄弱。我们应该借鉴他国在保护胎儿利益方面的优秀理论成果和成熟的立法、司法经验，对胎儿的人身利益和财产利益给予全面保护：明确胎儿的主体地位、明确胎儿继承权的请求权主体、明确胎儿继承财产的管理。关于代位继承的性质，目前有两种不同的观点。一种观点认为，代位继承权是代位继承人本身固有的权利；另一种观点认为，代位继承权是基于被代位人享有继承权而派生的权利。我国代位继承制度应明确代位继承权的固有权性质并予以完善。作为与继承制度并行不悖的做法，分家析产的效力应该得到认定，民俗的力量应该得到尊重。

特别要予以说明的是，在本书编辑出版阶段，第十三届全国人民代表大会第三次会议审议并通过了《中华人民共和国民法典》，“继承”作为第六编被吸纳入典，本书中对《继承法》的相关修改建议已在《民法典》中体现。

目　录

第一章　遗产范围制度研究

遗产是财产继承法律制度中至关重要、不可或缺的一个因素。考察继承法的发展史不难发现，各国的继承制度无不经历了一个从身份与财产的混合继承到财产继承的发展过程。作为继承客体的遗产，其范围的演化也经历了身份权日渐式微与财产权日益扩张的过程。

一、遗产范围制度的理论考量

（一）遗产的概念

通说认为，遗产，是指被继承人死亡时遗留下的个人财产。具体而言，遗产概念又有狭义和广义之分：狭义的遗产仅指积极财产；广义的遗产概念不仅包括积极财产，还包括消极财产。[①] 在民法理论上，财产权利被称为积极财产，财产义务被称为消极财产。

（二）遗产的特征

遗产具有以下法律特征：

1. 遗产具有特定的时间性

也就是说，在公民死亡前，其拥有的一切财产属于个人所有财产。只有在公民死亡后，其遗留的个人所有财产才转化为遗

---

① 陈苇主编：《婚姻家庭继承法学》，群众出版社 2017 年版，第 307 页。

产。任何人都无权提出“继承”生存公民的财产要求，否则，构成对公民个人财产的侵害。

2. 遗产具有财产性

依现代继承法理念，继承人仅对被继承人遗留下的财产或财产性权利享有继承权。而所谓的财产性权利，“通常谓以有金钱上之利益为标的的权利”,[①] 简单来说，就是指在正常的情况下可以具体量化以金钱价值出让或转变为金钱的权利。

3. 遗产具有内容上的限定性

专属于被继承人人身之权利或基于某种身份关系的存在而存在的财产不能作为遗产。也就是说，遗产仅仅是指依法能够转移给他人的财产。

4. 遗产具有范围上的专属性

能够作为遗产转移给他人的财产必须是被继承人的个人财产，即不能将不属于被继承人的财产作为遗产处理，否则，构成对他人财产权利的侵害。所以，继承开始后，应首先将被继承人的财产从共同财产中剥离出来，属于被继承人的部分，才是继承的客体。

二、遗产范围制度的比较法考察

综观各国立法例，对于遗产范围的界定有三种方式。其一是列举式，即具体列举出遗产包括的范围，明定可以继承的外延；其二是排除式，即以例外规定的方法将不能继承的财产排除出遗产的范围，未被排除者当然归属于遗产；其三是采用列举式与排除式相结合的方法，即既列举可为遗产的财产范围，又规定不能列入遗产的例外情状。

---

① 史尚宽：《民法总论》，中国政法大学出版社 2000 年版，第 23 页。

（一）遗产范围制度立法例之介绍

1. 大陆法系国家之遗产范围制度

（1）德国。[①]德国继承法关于遗产范围的表述非常简略，它的遗产指“全部权利”。此外，根据《德国民法典》第2050条至第2056条的规定，应结算的赠与财产按其价值计入遗产内。主要包括：被继承人生前作为嫁妆而赠与继承人的财物（以赠与时未另作规定者为限）；以应作为收入使用而给与的补助费以及供职业培训之用的费用，超出与被继承人财产状况相应的范围；其他生前赠与，被继承人指示应予结算的等情形。

（2）法国。[②]法国对继承标的采信的是法律地位说，其遗产范围既包括“积极财产”，也包括“消极财产”。此外，《法国民法典》对应予结算的遗产范围规定得也比较广，除赠与时明示以应继承份以外的特殊权益给与者，或赠与人免除返还者外，均应视为遗产予以结算，但通常的供养、教育、学习技艺的费用、普通服装的费用，婚礼及平常用品所支付的费用不予结算。继承人承诺放弃继承，对被继承人生前有权处分的赠与不予结算。

（3）瑞士。[③]瑞士继承法中的遗产既包括“积极财产”（各种财产及财产权），也包括债务。遗产的结算范围包括嫁资、结婚费用、以财产转让或债务免除的名义交付与直系卑血亲的全部财产、被继承人为子女的教育或职业培训所支出的超过普通程度的费用（但证明被继承人有其他意思表示的除外）。

---

① 陈卫佐译：《德国民法典》，法律出版社2017年版。（除特别说明外，下文中关于德国法之规定，均源于该法典。）

② 罗结珍译：《法国民法典》，北京大学出版社2010年版。（除特别说明外，下文中关于法国法之规定，均源于该法典。）

③ 戴永盛译：《瑞士民法典》，中国政法大学出版社2016年版。（除特别说明外，下文中关于瑞士法之规定，均源于该法典。）

（4）日本。[①]日本遗产的内涵采广义说，不仅包括积极财产，而且包括消极财产，以及祭祀身份。

（5）俄罗斯。[②]从《俄罗斯联邦民法典·继承编》的规定来看，遗产既包括财产权利，也包括财产义务。该法典采取了概括规定和排除式的立法方式，确定了遗产的范围。一方面从正面规定“遗产由继承开始时属于被继承人的物、其他财产构成”，另一方面同时规定“与被继承人紧密联系不可分割的权利义务不构成遗产”。

2. 英美法系国家之遗产范围制度

英美法系国家一般实行间接继承制度，间接继承制度中的“遗产”只能是“积极财产”。[③]

（二）遗产范围立法例之评析

关于遗产的范围，大陆法系国家与英美法系国家的法律规定明显不同。大陆法系国家多秉承罗马法上的“总括继承原则”，

---

① 王爱群译：《日本民法典》，法律出版社 2014 年版。（除特别说明外，下文中关于日本法之规定，均源于该法典。）

② 黄道秀：《俄罗斯联邦民法典》，北京大学出版社 2007 年版。（除特别说明外，下文中关于俄罗斯联邦法之规定，均源于该法典。）

③ Arthur Hartkamp etc：*Towards a European Civil code and edition*, Kluwer law international, 1998.

David D. Friedman：*What Economics Has to Do with Law and Why It Matters.* Sanra Clara Press, 2004.

Richard A. Posner：*Economic Aalysis of Law.* Brown and Company, 1992.

Christian Stewart, *Analysis*：*Estate Duty Planning For Partners*, Hong Kong Law Journal 1997.

Andrew Halkyard, *Hong Kong Estate Duty*：*A Blueprint For Reform*, Hong Kong Law Journal, 2000.

Mary F. Radford And F. Skip Sugarman, *Georgia's New Probate Code*, Georgia State University Law Review, 1997.

John H. Langbein, *The Nonprobate Revolution And The Future of The Law of Succession*, Harvard Law Review, 1984.

在继承立法中将被继承人所遗留的各种权利和义务均纳入遗产的范畴，并将其区分为积极财产即财产权利，和消极财产即债务两大类。而英美法系国家由于在遗产继承中实行遗产信托制度，被继承人生前所负债务不属于遗产，被继承人所遗留的财产首先扣除其债务，其余部分才交付继承人，用于遗嘱继承或法定继承，因而遗产只包括财产权利，而不包括债务。

就遗产中的财产权利而言，大陆法系国家和英美法系国家的法律规定大体相同，其范围主要包括：

1. 物权

包括被继承人的个人财产所有权、被继承人享有的用益物权等。不论物之所在地如何，均可以由继承人继承。

被继承人的个人财产所有权所包括的范围十分广泛。例如，《德国民法典》规定的财产所有权的客体包括土地及其附着于土地的定着物如房屋、动产等；《法国民法典》所确认的财产所有权是指对物完全按个人意愿使用及处分的权利，包括动产、不动产，并得扩张至该物因天然或人为而产生或附加之物。

被继承人享有的用益物权一般包括地上权、地役权、典权和用益权等。对于地上权、地役权、典权，各国法均将其列入遗产范围，但对于用益权，通常规定不得作为遗产继承。如《法国民法典》第617条明确规定："用益权因下列原因消灭：用益权人自然死亡及民事上死亡；约定的用益权的期限届满；用益权与所有权人两种资格合并或集中于一人；30年不行使用益权；作为用益权客体之物全部消灭。"依照此规定，用益权人死亡，其享有的用益权便随之消灭，不得由其继承人作为遗产加以继承。《德国民法典》第1059条规定："用益权不得转让。"同时，该法第1061条规定："用益权因用益权人死亡而消灭。"显然，用益权不能作为遗产由继承人继承。

2. 占有

古日耳曼法的占有，不仅仅是事实上的支配，同时含有权原，占有是权利的外衣，从而对于继承财产之占有，不问继承人现实的继承财产与否，当然转移于继承人（“死者予生者以占有”）。[①]《德国民法典》和《瑞士民法典》对占有成为遗产问题均加以明确的规定。但日本民法关于此点未规定，学说存有争论，但判例原则上承认与《德国民法典》相同之结论（日本大正四年十二月二十八日大判）。[②]

3. 债权

被继承人生前所产生的债权，包括因之而产生的从权利，如抗辩权、请求权等，除非与被继承人人身密切相关，必须由被继承人亲自享有者外，一般都可以作为遗产由继承人继承。各国继承法规的制度设计也体现了这一立法思想。

4. 知识产权中的财产权利

知识产权既有财产权属性，又有不属于财产权内容的与知识产权权利人的人身不可分离的权利属性。从各国继承法的规定不难看出，被继承人生前取得的知识产权（著作权、专利权、商标权等）中的财产权可以作为遗产加以继承，但与之相关的具有人身性质的人身权利如署名权、修改权等不得纳入遗产的范畴。

5. 有价证券上载有的权利

因有价证券的种类不同，其上所载有的权利的性质也有区别。如债券之上的权利属于债权，当然可以继承；而股票或股东权益证上的权利既不属于债权，也不属于物权，对于此类权利，大多数国家规定被继承人生前作为无限公司股东或两合公司的无

---

① 王利明：《中国民法典学者建议稿及立法理由》，法律出版社 2005 年版，第 471 页。

② 史尚宽：《继承法论》，中国政法大学出版社 2000 年版，第 154 页。

限责任股东所享有的股东权不得继承。

大陆法系国家遗产中的“消极财产”，主要指的是被继承人生前负担的债务。这部分债务大体包括两个部分：一是公法上的债务，如被继承人生前所欠的国家税款、罚款、罚金等；二是私法上的债务，即被继承人在生前于民事交往过程中所产生的，不具有人身依附性的个人债务。

6. 被继承人生前的特别赠与

(1) 归扣制度的源起。在共同继承中，为达到公平的目的，在一定条件下，继承人依法将被继承人生前特种赠与价额归入现存遗产中作为应继财产，并在遗产分割中从该继承人的应继份中扣除。该制度被称为归扣制度。

归扣是现代继承法中的重要制度。从渊源上看，它是古罗马法官为了公正地调节各个继承人应得遗产份额从而真正体现法律的公平和平衡所作的一项规定：一方面允许脱离家长权的子女等回到生父家继承其父遗产；另一方面又要求他们将脱离家长权期限间的劳动所得或接受的赠与，“加入”其父的遗产中去与其他继承人共同分配。可见罗马民法中“加入”制度的实质是将所有直系晚辈血亲的财产都计入遗产范围内，让全体继承人在平等条件下分配遗产。显然，这种财产制度的产生是罗马民法对平等、平衡、公平、理想的一种法的观念和价值观念的追求，但恰恰是这种对法学理念的追求，体现出“罗马人在衡平原则和正义上诸方面造诣颇深”，而为后世继受沿用。由于罗马法在一切方面都富有最高的理性与衡平，在欧洲的法庭上往往为正义和衡平的例证，而被正式利用，而且最终也是被当作法律接受的。即使现在，我们中大多数人仍然认为它是承载着力量和权威的法律规则。[1] 我国民间长期存在父母生前将

---

① 杜江涌：《比较法视野下的遗产范围制度研究》，载《河北法学》2010 年第 4 期。

重要财产在主要继承人之间分配，父母死亡后已分得财产的继承人就不能或应该少分遗产的习俗，其实质就是归扣制度。[①]

（2）归扣的运行规则。比较前述之立法例，可以看出归扣一般应遵循以下之共同规则：

第一，归扣须以共同继承人的存在为前提且共同继承人中有人受有生前赠与。

我们知道，共同继承是继承中一种极为重要的类型，且为当今各国法定继承的主要形态。在法定继承开始后，单独继承的情况极少，同一法定顺序数个继承人共同继承的情形最为常见。在共同继承法律关系中，除对外具有普通继承关系的对世权利以外，对内还涉及各共同继承人之间的权利义务。这种法律关系内容的体现，要求在程度上确定数个继承人中哪些可能继承或不能继承，哪些人继承或少继承；而这整个程序中所需要保障的实体，即共同继承关系的权利义务内容，是继承法理论中最有意义和值得研究的理论，也是司法实践中最常见的遗产继承纠纷。

共同继承权同普通继承权一样，客观意义上是自然人成为实质继承人的一种资格，该资格是法律赋予的，除法律规定的特殊事由外，任何人不得剥夺这一资格。正如其权利能力一样，它为继承人将来参与遗产继承提供了客观的、现实的可能，这就是继承所含的期待权的意义。这种期待继承的权利，在客观上继承权的归属发生争议时，其极容易成为确认之诉的标的，比如：共同继承人之中有人可能因接受过被继承人生前的赠与，导致其他共同继承人继承期待权的效力减弱，期待地位下降，以至于最终使继承既得权益受到明显损害，出现与公平相悖的结局。归扣制度

① 史尚宽：《继承法论》，中国政法大学出版社 2000 年版，第 233 页；张玉敏：《继承法律制度研究》，法律出版社 1999 年版，第 155 页。

的确立，切实地保障了继承中这种重要的期待权利，为继承权的实现提供了重要保障。

第二，是否应予以归扣及归扣的具体方法，以被继承人的意思为准。

在不违反法律强行性规定的情况下，被继承人有完全处分自己财产的自由，可要求进行归扣或免除归扣。

第三，归扣义务人及权利人，原则上限于共同继承人之间。放弃继承权的人和遗产债权人及受赠人无请求归扣之权利。

归扣权利人是指在共同继承民事法律关系中，享有归扣权利的共同继承人。作为民事法律关系的权利当事人，归扣权利主体范围的确定以维持共同继承人之间分割遗产的公平为出发点。因此，只要有继承人受有被继承人生前的特种赠与，其他共同继承人（包括代位继承人），都有权请求归扣。这其中无论其是否受到过赠与或受到过多少赠与，均为归扣权利人，甚至，若全体共同继承人皆受过特种赠与，则全体共同继承人皆为归扣权利人，亦皆为归扣义务人。

归扣义务人是指在共同继承民事法律关系中，承担归扣义务的民事当事人。具体而言，指从被继承人处受有特种赠与的继承人。归扣义务人的义务前提表现为已从被继承人处受有特种赠与，义务方式则表现为分割遗产时将从其应继份中扣除已受赠数额。

第四，归扣的财产范围多数国家规定为生前特种赠与。

第五，赠与物价额超过受赠人之应继份部分，除损害了其他继承人的特留份以外，无须再返还。

各国关于归扣制度规定的不同之处主要体现在：

第一，应予归扣的财产范围方面，有的国家仅规定为生前赠与，如法国、德国等，有的国家则将遗赠也列入归扣的对象，如日本。按照当前的立法趋势来看，大多数国家仅规定应将生前赠与加以扣除。同时各国规定的应予归扣和无须归扣的财产种类也有所不同。

第二，在归扣义务人方面，有的国家规定一切继承人都应负归扣义务，如法国、意大利，而有些国家规定只有被继承人之直系血亲卑亲属才为归扣的法定义务人，如德国、瑞士。

第三，在归扣的方式上有两种立法主义：其一，除被继承人明示以先取份和免除返还外，不得保留赠与物。这种做法可以溯源至罗马法，这种需要所有权转移的做法被称作现物归还主义。其二，被继承人生前赠与者应存留于继承人，但应扣除其价额，这被称作价额归还主义或充当计算主义。近现代民法绝大部分采取价额归还主义。其原因大概在于生前赠与历经数年，财产或许已经几易其主或毁损灭失，如此一来，则或许财产现物返还已不可能，或者返还很困难，如硬要返还将会造成整个社会财产秩序的混乱。

第四，在计算赠与物价值的时间标准上，有的以继承开始时赠与物的价值为准，有的以赠与时的价值为准。

大陆法系国家遗产中的“消极财产”，主要指的是被继承人生前负担的债务。这部分债务大体包括两个部分：一是公法上的债务，如被继承人生前所欠的国家税款、罚款、罚金等；二是私法上的债务，即被继承人在生前于民事交往过程中所产生的，不具有人身性质的个人债务。

三、我国遗产范围制度之介绍与评析

（一）我国遗产范围制度之介绍

《继承法》第 3 条规定：遗产是公民死亡时遗留的合法财产，包括：

（一）公民的收入；

（二）公民的房屋、储蓄和生活用品；

（三）公民的树木、牲畜和家禽；

（四）公民的文物、图书资料；

（五）法律允许公民所有的生产资料；

（六）公民的著作权、专利权中的财产权利；

（七）公民的其他合法财产。

第4条规定：个人承包应得的个人收益，依照本法规定继承。个人承包，依照法律允许由继承人继续承包的，按照承包合同办理。

《最高人民法院关于贯彻执行〈中华人民共和国继承法〉若干问题的意见》（以下简称《继承法意见》）第3条规定：公民可继承的其他合法财产包括有价证券和履行标的为财物的债权等。

第4条规定：承包人死亡时尚未取得承包收益的，可把死者生前对承包所投入的资金和所付出的劳动及其增值和孳息，由发包单位或者接续承包合同的人合理折价、补偿，其价额作为遗产。

《公司法》第75条：自然人股东死亡后，其合法继承人可以继承股东资格，但是，公司章程另有规定的除外。①

（二）我国遗产范围制度之评析

我国《继承法》以列举的方式明确了属于遗产的个人财产的

① 本条是关于有限责任公司的自然人股东死亡后其合法继承人对股东资格继承的规定。股权就其本质属性来说，既包括股东的财产权，也包括基于财产权产生的身份权即股东资格，该身份权体现为股东可以就公司的事务行使表决权等有关参与公司决策的权利。就股权所具有的财产权属性而言，其作为遗产被继承是符合我国现行法律规定的。而股东资格的继承问题，则有必要在公司法中作出规定。本条规定提供了股权继承的一般原则，即自然人股东的合法继承人可以继承股东资格。同时也允许公司章程作出其他安排。

范围，法律允许公民所有的生产资料和其他合法财产包括财产权利都属于遗产，将消极财产排斥在外。

遗产的界定，不仅直接涉及遗产清偿能力及特定债权能否受偿，且关乎其他继承制度的设计。就现行法之规定而言，遗产范围的定位不能反映现实。

1. 不利于法的实施

1985 年，我国正处于改革开放的初期，社会生产力发展水平并不是很高，人民的生活水平较低，继承法的目的也仅局限于家庭生产职能的延续和保证家庭成员最基本的生活需要，实现家庭养老育幼的功能。根据《继承法》第 3 条的规定，可以看出遗产的范围存在着财产类型的严重缺失。当时的遗产大多指公民的生活资料，如房屋、林木和生活用品等。现在，公民的个人合法财产大大增加，与《继承法》通过时的情况已有很大的不同。如商标权，现在可为个人所有；各种有价证券也已经成为公民重要的财产类型。《宪法》明确保护公民的私有财产，公民所有的生产资料也极少限制。尽管《继承法》兜底性的“法律允许公民所有的生产资料”和“公民的其他合法财产”属于遗产的规定，但显然与法律的明确性、稳定性相悖，不利于法律的正确实施。

2. 与民情不符

我国长期存在“继承”和“分家析产”不分的习惯，其实质就是重要财产要在儿子之间平均分配。如若长子结婚时已从父母处得到房子，而次子尚未结婚的，父母死亡时长子便不可能与次子同样分得遗产份额。在我国现阶段，为贯彻继承法中有关权利平等的原则，维护继承人之间的公平，有必要在立法上承认归扣制度，如此既体现出法治理念、民俗观念，也显现出国家领域的正义、公共领域的自治、市场领域的有序和公平、私人领域的节制和得当。[①]

作为一种体现平等原则的民法制度，归扣的主要法理特征表现在其继承权性质上。同所有的继承制度一样，归扣也是一种继承权权利的体现。继承权是一种财产权，它实现的是被继承人的财产所有权的转移，这种转移是财产所有权的一种合法延伸或继续，而这种延续的实质，就是公平。公平与平等是民法调整的一切财产关系的共性，我国《继承法》第 9 条也明确将平等规定于其中。如若继承权利的实现不能以平等作为核心，那么该权利将无实现的实体可能性。由于归扣的基本宗旨和功能均在于维护继承人之间分配遗产的公平，让每个有权参与继承的人完整充分地实现其继承权利，不至于因被继承人的财产由于时间前后的多次分割而部分剥夺或削弱某些继承人的权利资格，造成实际上的不平等。因此，归扣制度作为遗产分配制度上的有效“补救措施”，使继承权的实质得以更完整地体现。

3. 以列举的方式将难以穷尽遗产的范围

我国继承法对遗产范围的界定采用的是概括规定与列举并用的立法方式，此种立法技术，是与立法当时我国公民生活水平不高、私有财产较少的社会现实相适应的。但自改革开放以来，随着人们所享有的物质资料的范围日益扩大，新的财产类型不断出现，以列举的方式将难以穷尽遗产的范围。

4. 对遗产债权人的权益保障不力

我国继承法不承认遗产的非法人财团的主体地位。被继承人死亡后，遗产的所有权就归继承人享有。如果继承人是一人，则该继承人单独享有遗产的所有权；如果是数人，则继承人对遗产享有共同共有权。照此逻辑推理，即承认单独享有所有权，当然

---

① 金生鋐：《公共价值教育何以可能》，载《华中师范大学学报》2010 年第 4 期。

可以任意处分该遗产；即使享有共同共有权，继承人之间也可以随时进行分割。继承人作为所有权人，没有义务考虑遗产上债权人的利益，自然也就没有通知债权人的义务。在死者的债权人难以知悉遗产具体状况的情况下，继承人享有权利却不承担相应的义务，债权人的保护情况可想而知。

四、我国遗产范围制度之完善

（一）遗产范围之制度设计

笔者认为，对遗产范围的规定应采用概括规定与排除式相结合的立法方式，既有对遗产的概括表述——遗产是被继承人死亡时遗留的个人合法财产，还有“被继承人的财产权益”这样的兜底条款。同时，应采用归扣制度，扩大实质意义上的遗产范围。① 适度延展遗产范围，将被继承人享有的人格权衍生的财产利益、互联网中的虚拟财产等纳入财产范围。

综上，我国遗产的外延应作如下界定：遗产是自然人死亡时遗留的个人合法财产及财产权利，与自然人紧密联系不可分割的权利除外。主要包括：

第一，被继承人遗留的物权。包括所有权、用益物权、担保物权和占有。

第二，被继承人遗留的债权。

第三，被继承人遗留的知识产权中的财产权益。

第四，被继承人遗留的有价证券上载有的权利。

第五，被继承人遗留的股权和合伙权益中的财产权益。

第六，被继承人生前的特种赠与。

---

① 孙毅：《继承法修正中的理论变革与制度创新——对继承法修正案草稿建议稿的展开》，载《北方法学》2012 年第 5 期。

（1）发生归扣的条件。①须为共同继承人；②须于生前受有特别赠与；③须无扣除之免除情形。

（2）归扣的主体。为《民法通则》规定的享有法定继承权的继承人。

（3）归扣的客体。包括工资、薪金、股票、利息、股息、个体经营户的生产经营所得、劳务报酬、稿费、保险费、因侵权造成伤害的损赔费、财产租赁所得、财产转让所得等。

下列开支可列入无须归扣的财产：低经济价值的赠与；为扶养未成年子女及配偶、父母或其他继承人所作的开支；为负担家庭生活所作的开支；为子女结婚及安家立业所作的一般性开支或礼品；为子女接受义务教育所作的开支。

除有害于其他继承人之特留份外超过应继份之部分，继承人无须归还。

（4）归扣的方法与赠与之价值算定。我国宜采充当计算主义，赠与之价值以赠与时价值计算。

（5）法律责任。继承人如不提交死者生前的赠与财产，可视下列情况处理：①如相应遗产分割时，无其份额或份额不足则依法责令受赠与人执行返还或提交返还多余财产部分；②对于继承人对被继承人及其他继承人的人身、财产和名誉恶意犯罪而判超6个月以上的，因虚假的、篡改的遗嘱而判有罪的及其配偶履行抚养义务的，应剥夺其继承权，有扣还义务的并责令其执行返还义务。

第七，被继承人遗留的网络虚拟财产。

第八，被继承人遗留的其他合法财产及权利。

（二）遗产范围制度设计之依据

1. 关于“自然人”概念的采用

我国《继承法》第3条规定，“遗产是公民死亡时遗留的个人合法财产”。从形式上看，似乎“公民”和“自然人”概念等同，而实质上二者在内涵和外延上都不相同。在外延上，公民是指具有中国国籍的，不分民族、种族、性别、宗教信仰、财产状况等；自然人则是指一切具有自然生命形式的，其范围不仅包括中国公民，而且包括外国公民和无国籍人。在内涵上，公民使用在公法领域，表示一个人所拥有的政治权利或宪法权利；而自然人使用在私法领域，表示一个人所拥有的民事权利。将公民作为私法概念，反映了我国民事生活的某种程度的封闭性，是我国计划体制下国家事务与私人事务不分的产物。随着市场经济体制的建立和逐步完善，确立自然人的民事性质，将有助于我国市民社会的真正发展。

2. 关于遗产的性质

（1）从民众对遗产概念的理解来看，在现实中，老百姓对遗产的理解大都局限于财产上的权利。法律源于生活，最终运用于生活，法律要实现和社会生活的良性互动，不能用一些不通俗的法律概念造成人为的法律障碍，影响法律的正确实施。

（2）从法律的规定来看，我国《继承法》第3条明确列举了作为遗产的类型，都是财产权利而非财产义务，此外，继承法的其他条款在使用“遗产”这一法律概念时，也全部是在积极财产意义上使用的。

（3）从比较法的角度来看，其他国家的继承法也大多在积极意义上使用遗产这个概念。如《德国民法典》第1992条第1款明确规定：“人死亡时，他的财产作为一个整体转移于另一个人或数人。”《德国民法典》意义上的财产只是一个人对所有的全部权利的综合标志，是权利的总和，并不包括一个人的债务，《德国民法典》此处的财产应理解为和“遗产”同义，显然是在积极意义上使用的。我国《澳门民法典》第1907条规定，遗产包括：以直接交换方式取代遗产中某些财产之财产；转让遗产中之财产所得之价金；以遗产中之金钱或有价物取得之财产；分割遗产前所收到之孳息。

3. 关于遗产的外延

（1）关于用益物权。用益物权是一种限制物权，是指在他人之物上设立的，以使用、收益为目的的物权。为实现用益物权的财产性，必须承认用益物权的可继承性。随着物权法的制定，用益物权的完善，用益物权的可继承性应被立法所承认。

此外，解决用益物权可继承性的另一关键是理顺因继承而取得用益物权的程序。这需要区分继承用益物权与因继承而获得用益物权两个阶段对待。按照当然继承原则，被继承人死亡时，遗产即转移至继承人共同共有，这种共有状态可能被维持或分割，在我国，用益物权一般需要经过推定的程序才能取得，即承认可以依照继承取得用益物权，但是继承人取得权利后应该依法补办法定的程序，在未经许可之前，继承人也不得转让该权利。在某些情况下，继承人的权利可能会被溯及继承开始而取消。如用益物权人的继承不符合标准，尽管继承已经发生，但是可以被依法溯及既往地取消其权利。①

（2）关于占有。占有是一种人对物的管领事实，是物权制度中不可或缺的一个组成部分。马克思说："私有财产的真正基础即占有，是一个事实，是一个不可辩解的事实，而不是权利。只是由于社会赋予实际占有以法律的规定，实际占有才具有合法占有的性质，才具有私有财产的性质。"② 承认占有可以成为遗产，对于稳定现实经济秩序，保护交易安全，促进民事流转，发挥继

① 王利明：《中国民法典学者建议稿及立法理由》，法律出版社 2005 年版，第 538 页。

② 《马克思恩格斯全集》（第 1 卷）。

承回复请求权制度的作用等具有重要作用。

第一，按照所有权、他物权制度的逻辑，对社会的现实占有关系，必须先查明其是否享有所有权或他物权，然后才按照法律的相关规定予以保护。这显然不符合经济、效率的原则，有时甚至难以办到。占有制度则不同，它首先假定现实的占有即为本权的占有，仅为其中少数发生争议的占有关系加以确认、辨识，并因此而做出相应的调整。因而十分有利于现实占有关系，达到维护社会经济秩序的目的。

第二，在现实的商品交易中，商品的占有人就一般而论即被视为有权处分商品之人，按照这种处分获得商品所有权的占有人，只要没有恶意即可受到占有制度的保护，而不至于担心交易的标的受到追及，从而提高经济效益，促进商品经济的发展。

第三，按照通说，继承人欲行使继承回复请求权，必须承担被继承人生前对于诉争物形成占有这一事实的证明责任，而占有遗产的他人欲免除自己的法律责任，则必须证明自己享有遗产的合法权源。继承人之所以只需证明被继承人生前占有遗产这一事实的原因在于，占有照样可构成遗产，并可以自动为继承人继承，由此继承人享有正当的诉之利益，是适格的当事人。①

（3）关于被继承人遗留的债权。债权是民事法律关系中一方当事人享有的请求他方当事人为一定行为或不为一定行为的权利。除必须由被继承人亲自享有者外，无论是现实的债权，还是基于物权和债权而产生的形成权、抗辩权、请求权等，原则上都可以作为遗产由继承人继承。

---

① 王利明：《中国民法典学者建议稿及立法理由》，法律出版社 2005 年版，第 472 页。

（4）关于股东权。股东权是否纳入遗产的范畴，一直是大家争论的问题之一。2005 年 10 月 27 日修订并公布的《公司法》第 75 条规定："自然人股东死亡后，其合法继承人可以继承股东资格；但是，公司章程另有规定的除外。"通过这一规定我们不难看出，立法者将股东权视为财产权，故自然人股东死亡之后，股权得成为可继承的遗产。

就正面观之，股份的财产性决定其可以作为遗产。就反面观之，股东权不是传统民法意义上的人身权，能够满足其作为遗产的限制性要求。自然人股东的合法继承人可以继承股东资格。这样规定，一方面考虑到股东身份即股东资格是基于股东的财产权而产生的，一般来说，其身份权应当随其财产权一同转让；另一方面也考虑到被继承人作为公司的股东，对公司曾作出过贡献，其死后如无遗嘱另作安排，由其法定继承人继承其股东资格有合理性，也符合我国传统。国外一些国家的公司法也明确了股份可以继承的基本原则，如法国规定公司股份通过继承方式自由转移；德国规定股份可以出让和继承。

允许公司章程另行规定股东资格继承办法，主要是考虑到有限责任公司具有人合性，股东之间的合作基于相互间的信任。而自然人股东死亡后，其继承人毕竟已不是原股东本人，股权实质上发生了转让。在此情况下，其他股东对原股东的信任并不能自然转变为对继承人的信任，不一定愿意与继承人合作，可能导致股东之间的纠纷，甚至形成公司僵局。为此，从实际出发，应当允许章程规定股东认为切实可行的办法，解决股东资格继承问题。比如规定，当股东不同意某人继承已死亡的股东的资格时，可以采用股权转让的办法处理股权继承问题等。从国外看，也有此类规定，如法国公司法虽然规定股份继承是一般原则，但同时也规定，"章程可以规定，继承人只有在按照章程规定的条件获得同意后，才可成为股东”；德国股份法规定股份可以继承，且允许死亡股东的财产执行人或管理人请求公司购买其股份的同时，也不禁止制定有关股东死亡时股份购买事宜的任何协议。

（5）关于被继承人生前的一般赠与。

第一，关于归扣的适用范围。从归扣制度渊源来看，其主要适用于数个继承人共同继承。然而，所谓的共同继承不仅包括数个法定继承人的共同继承，而且包括数个遗嘱继承人的共同继承，还包括数个法定继承人与数个遗嘱继承人的共同继承。对于第一种情形，学者们并无疑义。而对于后两种情形，目前学界论及甚少，故有必要作一梳理。

数个遗嘱继承人共同继承的情形虽不常见，但也不能忽视对其的研究。我们知道，遗嘱继承人既有属于同一继承顺序的，也有属于不同顺序的。前者实质上为法定继承人中的共同继承，易于理解。那么，不同法定继承顺序的法定继承人在依被继承人意思而形成共同继承时，对于他们生前基于赠与而取得的财产，有无归扣的必要？在此情形下，不必进行归扣。其原因在于，法律对不同继承顺序的规定是基于血缘关系的亲疏远近而确定的。血缘关系较近的，其继承顺位则越靠前；反之，则越靠后。更为重要的是，不同继承顺序的法定继承人的权利义务亦不相同。顺位靠前的，与被继承人的权利义务联系密切，这就注定了被继承人生前对其的关心与照顾往往多于顺位靠后的继承人，此时，对他们的生前特殊赠与也就顺理成章，不足为怪。所以，若依被继承人的遗嘱，不同顺序的法定继承人共同继承时，对先顺序的法定继承人基于特殊赠与而取得的财产进行归扣，虽基于公平但势必会违背被继承人的生前意愿。

所谓法定继承人与遗嘱继承人的共同继承，实际上也就是不同法定继承顺序之间的共同继承。这是因为遗嘱继承人是在法定继承人中由被继承人用遗嘱的方式加以指定而形成的。当然，法定继承人为应召继承人序列时，同一顺序的应召法定继承人中不存在用遗嘱的指定，但存有对遗产份额指定的情形。依前述同样的理由，后顺序的法定继承人无论在实行亲等制还是亲系制的立法体例中，与被继承人的联系均较为疏远，故被继承人对先顺序的法定继承人予以特别赠与的财产若让后顺序的法定继承人（遗嘱继承人）参与继承时进行归扣，无疑会有失公平，所以，此情形也不宜进行归扣。若被继承人生前已给予遗嘱继承人特别赠与，在与法定继承人共同继承时，是否也应当归扣？笔者认为，此种情形应当进行。这是因为，依遗嘱继承人与被继承人的血缘关系而言，遗嘱继承人往往与被继承人的血缘关系较远，这也意味着他们之间的权利义务联系亦不密切。在遗嘱继承人事先通过特别赠与取得被继承人的财产的情形下，又以遗嘱方式让其通过规定的顺序分割遗产，无疑会使其获得双重利益，从而也就造成了法定继承人与遗嘱继承人之间的实质不公平，所以，为了矫正此现象，唯一办法就是对遗嘱继承人已取得的财产进行归扣。与之相同的立法，最典型的莫过于《德国民法典》第 2052 条之规定，被继承人已指定直系卑亲属作为继承人继承其作为法定继承人将获得的财产的，或被继承人已以其相互间处于法定继份相同的关系的方式指定其应继份的，如无其他规定，应认为直系卑亲属应依法负补偿的义务，除非被继承人生前有反对归扣的意思表示。①

第二，关于归扣的主体。归扣之义务人为受有此特种赠与之继承人，考虑到法律体系的完整与协调性，应为《民法通则》规

---

① 杜江涌：《比较法视野下的遗产范围制度研究》，载《河北法学》2010 年第 4 期。

定的享有法定继承权的继承人，包括配偶、父母、子女、兄弟姐妹、祖父母和外祖父母等。

第三，关于归扣的客体。

①归扣客体的类型。通常，归扣的标的物可以分为两类：一类限于特殊赠与，即仅对于法律所明确列举的赠与实行归扣，如德国；另一类包括遗产或赠与，如日本。我国法律确认归扣的标的物应限于生前特种赠与，不应包括遗赠。因为，在我国现行继承制度中，遗赠是指以遗嘱的形式将个人财产赠给国家、集体或法定继承人以外的人。而归扣制度只适用于共同继承之中，只能从受有财产的共同继承人处归扣，对共同继承人之外的人不能实行归扣，因此，作为法定继承人之外的遗赠受与人所得之遗赠的财产，不作为归扣标的物。

②归扣客体的范围。正确确定归扣客体范围，首先必须坚持被继承人生前意愿优先的原则。按照这一原则，不仅被继承人生前可以明确表示免除归扣的范围，而且不应该扩大归扣的范围，以免严重限制被继承人生前处分财产的自由。其次按照传统习惯及现实国情确定归扣客体范围。这一范围应该包括被继承人因继承人婚嫁、分家、营业时给予的特殊赠与以及超出正常限度的教育、培训开支。其中特殊赠与是归扣的客体较容易理解，需要讨论的是超出正常限度的教育培训开支，我国宪法赋予了公民义务教育权，因而被继承人对继承人的义务教育年限内的开支不仅不能视为遗产预支，还应该是父母的法定义务。然而为公平起见，超出法定义务的限度，特别是因出国、加入贵族学校等过多的额外教育、培训开支都应该列为归扣的客体。

考虑到社会习俗、死者的经济与社会状况、赠与财产的用途等多方面的因素，低经济价值的赠与；为扶养未成年子女及配偶、父母或其他继承人所作的开支，以及为负担家庭生活所作的开支；为子女结婚及安家立业所作的一般性开支或礼品；为子女接受义务教育所作的开支等可列入无须归扣的财产。

第四，关于归扣的方法与赠与之价值算定。归扣的实行有两种主义，即原物返还主义与充当计算主义。前者易返还困难，且易危害财产使用的现有正常秩序。相较而言，以充当计算主义较为科学。对于赠与之价值算定有三种：赠与时、继承开始时与遗产分割时。按照史尚宽先生的观点，如采原物返还主义，则以继承开始时为准较好；如采充当计算主义，则以赠与时为准较好。对此，笔者持赞同观点。

（6）被继承人遗留的网络虚拟财产。何谓网络虚拟财产，理论界对此仁智各见。

笔者认为，网络虚拟财产首先必须满足法律调整财产所具有的特征，即具备财产属性：①能满足人们的需要，必须有使用价值。②必须具有稀缺性，不能无限量地存在。③能够为人力所控制，具有支配性。④原则上存在于人体之外。同时，网络虚拟财产具有自身的独特性，与法律所调整的物质世界的财产又有所区别。综上所述，可以对网络虚拟财产作如此的定义：网络虚拟财产是与物质世界相对隔离的，以电脑服务器为载体的，存在网络空间的那部分能够与物质世界进行交换的具有价值的以电磁记录的形式保存的数据信息。主要包括：虚拟金币（货币等）；虚拟装备（武器、装甲、药剂等）；虚拟动植物（动植物、盆景等）；虚拟角色（虚拟人，ID 账号）。能够与现实生活进行交换的虚拟物品才可以将其认定为网络虚拟财产，而对于那些无法与现实世界进行对接的虚拟物品，因为其本是网络的伴生品，无法与现实生活进行交换，不能将其纳入虚拟财产的范围。

网络虚拟财产具有以下特征：

其一，取得的合法性。网络虚拟财产的来源必须具有合法性，否则就谈不上给予法律保护。由于虚拟财产是以数据信息的形式进行保存的，就导致一些网络使用者可能通过“外挂”或者“私服”的方式或通过黑客窃取、侵入等方式盗窃、复制、修改虚拟财产的可能，以这种违背诚信和公平的方式取得的网络虚拟财产，当然不能得到法律的保护。

其二，表现形式的双重性。网络虚拟财产最显著的特征莫过于它的虚拟性。这个特征将网络虚拟财产与现实财产区分开来。虚拟性主要是指网络虚拟财产是以数字形式存在于网络空间，而并没有占据真实的物理空间。网络虚拟财产必须依托虚拟的网络环境产生，其中网络虚拟游戏装备、货币等还必须依赖于特定的网络游戏而产生，正如有的学者所指出的：“网络虚拟财产首先要满足虚拟的特性，这就意味着网络虚拟财产对网络游戏虚拟环境的依赖性，甚至在某种程度上不能脱离网络游戏而存在，当然也正是这一特征使得按照现行的法律难以调整与规范。”① 但是，能够受到法律保护的那部分网络虚拟财产必定是能够与现实社会进行价值转换的。例如，网络游戏中的虚拟装备，可以在网络空间中进行买卖，其交易则是通过现实货币所有权转移和网络虚拟物品所有权转让来实现的，从这个层面上来讲，网络虚拟财产具有现实性。因而，网络虚拟财产具有虚拟性和现实性双重特征。

其三，存在的期限性。网络虚拟财产不是无期限的，而应当是有期限的。网络虚拟财产是网络产品，而网络产品如网络游戏是有期限的，网络游戏玩家对某个网络游戏感到厌倦，可以随时停止这个网络游戏，网络游戏开发商和运营商发现网络游戏的运营成本过高，也可能随时终止某个网络游戏的运营，

① 胡兰：《我国网络虚拟财产的法律保护》，载《法制与社会》2018 年第 5 期。

相伴而生的网络虚拟财产可能随着某个网络产品的消失而终止。网络虚拟财产是由于网络运营商的行为而终止，网络游戏运营商是否承担赔偿责任？财产侵权责任要求网络游戏玩家的加害行为具有违法性，而网络游戏运营商行为是否具有违法性，则要根据网络服务合同约定的内容来定。

其四，交换价值性。网络虚拟财产如果不具备交换价值，就不能说是严格意义上的法律范畴内的财产。网络用户耗费了一定的成本获得网络虚拟财产，其上同样凝结着无差别的一般人类劳动，因而，虚拟财产同样具备价值、使用价值和交换价值，这部分财产由于网络环境具有相对的稳定性而同样相对稳定地存在。事实上，正是因为网络虚拟财产在市场主体之间分布不均衡以及网络玩家对网络虚拟财产资源重新分配的要求，网络虚拟财产得以在市场上流转。

笔者认为，凡是能够和现实世界进行转换的网络虚拟物品都具有交换价值，都能够纳入法律所保护的网络虚拟财产的范围。目前，论坛社区给那些经常参与或者发帖次数多、帖子质量高的用户奖励某种“积分”“牛币”，进而使得用户获得某种权限。有一种观点认为，这类“积分”“牛币”因为不直接参与到现实世界的交换不具备交换价值，不能获得法律意义上的对网络虚拟财产的保护。笔者对此持不同意见。因为随着市场经济的日益活跃，市场交易形式的多样化，市场交易主体的意思自治，交易的内容在传统交易基础上应当有所突破。因而，如果市场主体与商家对用“积分”购买现实世界的商品形成合意，实现了“积分”“牛币”价值的现实化，也是对网络“积分”具有交换价值的一种承认。例如，网易 126 邮箱，给予使用其邮箱的用户以“积分”，并指示用户可以将此类“积分”在特定交易网站进行兑换现实的物品。因此，“积分”“牛币”只要具有交换价值、使用价值、价值，同样符合财产的特性，我们同样可以认定其为网络虚拟财产。

其五，技术限制性。网络虚拟财产是储存在服务器上的一系列数据形式，即为数字化的信息，必定体现了这类财产形式的技术限制性，网络游戏中的网络游戏装备具备不同的等级、有不同的攻击力、防御力、购买力等，这一切都只不过是网络游戏开发商预先设定好的电子数据信息，这些电子数据一经网络游戏开发商设定，玩家就无法通过技术形式改变该网络游戏装备事先具备的能力，但网络服务商通常为了保障网络游戏的吸引力以及履行和网络游戏开发商的合同义务，也不会通过网络技术形式改变这些已经设定的电子数据形式。

网络虚拟财产符合我国《继承法》关于遗产的规定：网络虚拟财产归属于网络用户所有；网络虚拟财产是合法的财产，是网络玩家通过合法手段取得受到法律保护的财产；网络虚拟财产是一种非人身性的财产利益，并不是专属于网络玩家的，不具有专属性，因而，当发生网络玩家死亡的法律事实时，网络虚拟财产可以参照我国《继承法》的相关规定进行继承。

《宪法》以及我国《民法总则》之规定并没有将保护的财产范围限定在有形财产的范围之内，此处应当遵守法律规范语句文义本身的含义对其作出扩大解释，认定此处的财产也包括无形财产。网络虚拟财产属于无形财产，因而也应当属于《宪法》和《民法总则》的保护范围。《刑法》之规定将电信号码纳入财产犯罪的对象之中，而电信号码是网络虚拟财产的一种，因而《刑法》也为网络虚拟财产的法律保护提供了依据。公安部对《关于如何处罚盗用他人网上游戏账号等行为的请示》之批复这一规范性法律文件，明示对盗用他人网络游戏账号行为给予行政处罚，为网络虚拟财产之保护提供了行政法依据。

五、与遗产范围制度相关的问题探讨

（一）关于遗体的性质

自然人由于死亡而丧失了作为法律上主体的资格。随之而来的问题就是：遗体的法律地位如何？

1. 遗体为民法上的“物”

“人和世界，就其关系而言基本上包含两种。一种是自然关系。这是由于人本属自然的产物，人产生以后作为存在仍然是自然的一部分，因此人的活动便不能不始终受到自然的制约，甚至受到自然某些法则的支配。另一种是人的关系，或者叫作属人关系。这是由人的实践活动所形成，人通过运用自然规律而对自然力量具有支配关系。在这种关系里，人是作用的主体，自然变成受动的客体，并成为从属于人的一个组成部分。”① 因此“在最一般的意义上，人们可以说，人是认识活动和实践活动的主体，而被人认识和被人改造的对象就是客体”②。因此，通说认为，遗体为民法上的物。③ 传统民法上的物，是指存在于人身之外的、能够满足权利主体的利益需要的，并能为权利主体所支配控制的物质实体，具备客观物质性、可支配性、有益性等民法客体的基本特征。显然，遗体符合民法上物的基本法律特征。

（1）遗体不具有人格。作为曾经承载生命的物质实体，遗体无疑具有客观物质性。因为人既已死亡，生命已不复存在，遗体自然也就不属有生命的人类，它只能是人身概念以外的客观实物，具有客观物质性。

---

① 孙正聿：《哲学通论》，复旦大学出版社 2008 年版，第 283 页。
② 孙正聿：《哲学通论》，复旦大学出版社 2008 年版，第 101 页。
③ 郭明瑞、房绍坤：《继承法》，法律出版社 2012 年版，第 14 页。

(2）遗体具有可支配性。遗体作为有形的物质实体，既无独立的人格，也无自由意志决定自己（包括身体）的能力，既在事实上为人力所能及，又可被其他人所控制。

然而，人的价值与尊严也是一个确定不移的原则，所谓的“支配”，法律必须确保对人体的客体化利用能够有尊严地进行，避免人类将自身沦落为一般商品。为此，法律可以在人体客体化利用的目的、内容和履行三个层次上，采取必要的制度措施：其一，支配的目的具有正当性，不得违背公序良俗。其二，法律要降低人体客体化利用关系的商业色彩，禁止将遗体等作为商品进行自由交易。其三，在对人体客体化利用的施行方面，不得采取法律上的强制执行措施。

(3）遗体具有实用效益性。在现代社会里，由于医学技术的发展，遗体及其器官被广泛运用于医学研究和器官移植等医疗活动中，这不仅能满足权利主体的客观需要，通过遗体器官移植而治病救人，满足患者恢复器官机能的需要，而且能促进科学技术的发展并带来巨大的利用效益。因此，遗体为客体物是不容置疑的。

2. 遗体不属于“遗产”

但遗体是否属于遗产，学术界则争议颇大，笔者认为，遗体虽然属于民法上的物，但遗体不属于遗产。

(1）从属性来看，遗体不具有遗产的财产性特征。人只是权利的主体而不是权利的客体，这是人类进步的表现。遗产的财产性特征是可以流通的、可以执行的，而人的身体在生前是不可以流转也不能够强制执行的，财产是有对价的，而人身是无法用价值衡量的。从伦理道德来讲，如果承认遗体的财产性，也就意味着承认遗体可以作为交易的标的物。死者生前的债权人就可以对遗体进行分割变卖，以抵偿其生前所欠的债务。如果是这样，那人的遗体同动物的尸体将无所区别。从法的基本理念来讲，人身权是自然人最基本的权利，是其他一切权利的基础。因此，现代法律对自然人人身权的保护必须延伸到对遗体的保护。如果承认遗体的财产性质，人身权中的肖像权、名誉权等权利将失去存在的必要。因为任何对遗体的侮辱将不构成对生前自然人及其近亲属名誉权的侵害。从社会价值取向和法律规定来讲，社会公众将遗体器官称为“捐献”而不是“变卖”，肯定了遗体器官的人身权保护和非财产性。我国法律对人体器官买卖的禁止，以及我国刑法关于侮辱尸体罪的设定都说明我国法律对遗体是进行人身权保护的。所以，作为自然人死后留下来的身体，不具有财产性，不是遗产。

（2）从现实生活来看，“尸体之所有在于祭祀”，[①] 火化、埋葬，不成立所有权，不应当属于遗产。

（3）从各国的立法实践来看，死者生前关于其遗骸处分的合同或遗嘱以及死者的亲属（继承人）对遗体的处分都受到严格限制，实际上否定了遗体的遗产性质。

（二）关于捐献遗体所得补偿金的性质

随着社会的发展和人们观念的转变，不少公民通过遗嘱指定其死后将遗体或某一器官用于科研或医疗，因此而获得的补偿金，其性质是否属于遗产，人们对此认识不一。在笔者看来，死者生前通过遗嘱捐献遗体所得补偿金如果指定了受益人的，则不宜纳入遗产的范畴；反之，可视为遗产。

第一，从捐赠所得的性质来看，该利益为相关机构对死者行使符合正当目的且不违反善良风俗、合乎伦理道德的善意捐献行为，从经济上给予的慰藉或补偿，包含有赞许或激励性质的精神利益，而非将死者家属当作卖方来支付相应的对价。因此，该所

---

① 史尚宽：《继承法论》，中国政法大学出版社 2000 年版，第 251 页。

得之支配使用应仅限于捐献者本人或其本人指定的受益人，不宜一律作为遗产来继承分配甚至流转。

第二，从类推适用的角度来看，在民事领域，当法律对某一问题没有明确规定时，可类推适用与其最相类似的法律设计。就捐赠所得而言，我们可类推适用《保险法》“指定受益人的保险合同的受益权不能作为遗产对待”的规定。因为两者都是因行为发生的民事法律关系；价值都是在死后体现；生前指定死后利益的受益人；其受益人的范围一般都是具有近亲属性、血缘性；死后利益一般都有死者生前人格的延续。

第三，从法律的导向功能来看，法律具有预测功能，人们可以据此来安排自己的行为，最大限度地趋利避害。从捐献者的角度分析，如果捐献遗体所得可以按其意愿留给其指定的人，可能会有更多的人捐献遗体器官，否则会适得其反。

（三）关于承包人死亡后继承人继续承包问题

1. 相关制度规定及观点

我国的土地所有权是由国家所有和集体所有构成的。为了激发农民的劳动积极性，自 20 世纪 70 年代以来，随着农村土地承包经营制的推行，集体土地的使用权逐渐与所有权剥离，农民在承包合同期限内对承包地土地享有占有、使用、收益的权利。我国《继承法》第 4 条明确规定：“个人承包应得的个人收益，依照本法规定继承……”但是，对于农村土地承包权是否能够继承，学者仁智各见。

有学者认为：“承包经营权是基于承包合同所产生的经营管理权，此种权利不能继承，不属于财产继承的范围。”[①] 对于我国

① 梁文书、黄赤东：《继承法及其配套规定新释新解》，人民法院出版社 2001 年版，第 284 页。

《继承法》第4条所规定的“个人承包，依照法律允许由继承人继续承包的，按照承包合同办理”，其解释为：“承包合同于承包人死亡时终止，依据法律允许继承人承包的，在承包人死亡后，如果承包合同中规定了由继承人继续承包的，该继承人得依合同的规定继续承包。但是，这里的继续承包，实际上是由继承人依照原来承包合同约定的条件承包，实质上已经属于另外一个承包关系，是继承人与发包单位订立的另外一个合同。如果承包合同中没有承包人死亡后，由继承人承包的约定，则继承人不能当然地取得继承承包的权利。”但是，继承权是财产权的延伸，欠缺继承性的财产权从某种意义上说，属于不完整的财产权。承包经营权是农村经济生活中一项十分重要的财产权利，既然允许土地承包经营权可以通过转包、出租、互换、转让、入股等方式进行流转，为什么就不能继承呢？土地承包经营权如果不能继承，那么，该种不完整的财产权如何能够顺利地进行财产流转？如何给交易主体带来动态的安全性？可以肯定的是，由此导致的恶果是承包人的短期行为，并且由于土地承包经营权不能继承而在承包人死后需要重新发包导致了管理成本的增加。① 因此，笔者认为，应把农村土地承包经营权的性质定为用益物权，② 在农地使用权人死亡后，该农地使用权作为用益物权应允许其继承人继承。③

2. 处理继承人继续承包时应注意的几个问题：

在处理继承人继续承包问题时，应注意解决好如下几个问题：

---

① 郭明瑞、房绍坤：《继承法》，法律出版社2012年版，第11页。

② 陈苇、杜江涌：《中国农村妇女土地使用权与物权法保障研究》，载《家事法研究》2005年卷，第26页。

③ 梁慧星：《中国物权法草案建议稿》，社会科学文献出版社2000年版，第511、535页。

第一，分清两种不同的法律关系。在个人承包期间，如果承包人死亡，会同时发生遗产继承和承包权转移两种不同的法律关系。具体而言，遗产继承由继承法规范调整，而承包权转移是由合同法调整的。承包人死亡后由其继承人继续承包，而在原合同条件不变的情况下，继承人有承接被继承人（原承包人）生前享有的承包权利义务的优先权。所以，继续承包人的确定，只与继承人的身份有关，而与遗产的实际取得无关。

第二，继续承包人选的确定。一般来说，如果承包合同中已明确地规定了继续承包的具体人，那么无疑应当严格按合同规定办理。但是，如果合同中没有规定具体人选，或者合同中原定的具体人选不愿继续承包，则应按照确定继承人的规定确定继续承包人。原承包人在遗嘱中指定了继续承包人的，只要遗嘱合法，就应由遗嘱所指定的人继续承包，原承包人没有在遗嘱中指定继续承包人的，或者指定的人不符合法律规定，或不愿继续承包的，应当从法定继承人中按法定顺序确定继续承包人，但确定的继续承包人应当具备一般的劳动经验或能力；如果同一顺序中符合条件的几个法定继承人都要求承包而又协商不成时，应当由发包人从中选定最合适的人继续承包。

第三，维护原承包合同的条件。继承人要继续承包，必须按原合同条件承包，同样，发包人也不得拒绝继承人继续承包的要求和提出新的附加条件，双方必须维护原来的承包合同，可以说是“无条件的继续承包。”

当然，由于客观情况是在不断地变化，承包人死亡时原合同的条件可能会发生变化，继承人可能不愿以原合同条件承包，而要求修改合同。在这种情况下，发包方则有选择权。他可以接受修改合同的提议，也可以拒绝该提议。

如果原承包人的继承人都不愿继续承包，那么原承包合同应该终止，原合同终止后，发包人可重新招标，另订合同。这时即使原承包人的继承人中标，也不能视为“继续承包”，因为双方执行的并非原来的承包合同。

第四，妥善地处理遗产的继承。在个人承包关系存续期间，承包人死亡时，由于被继承人的遗产不仅包括现实存在的财产，还包括承包中应该得到的个人收益，既包括承包人所有的生活资料，也包括承包人承包后所建的一些生产性设施（如打的井）和其他生产资料。对这些设施的分割方式会直接影响到承包合同的继续。同时由于遗产的分配和维护承包合同又各自遵循不同的原则，如按照《继承法》规定，对生活有特殊困难缺乏劳动能力的继承人，分配遗产时，应当予以照顾，而这些人往往并不能是继续承包人，这样，继续承包的继承人和继承较多遗产的继承人就出现了不一致的情况。因此，在处理继续承包时，要同时处理好遗产继承的问题，既要保证继续承包人继续承包的生产条件和所得，又要保护非继续承包人的继承人的利益。

对于涉及与承包有关的遗产继承，我们认为在分割遗产时继承人可相互协商，可采取等值互换、分期给付、按份共有、适当补偿等方法处理。

在确定继承人各自应继承的遗产份额后，首先可用等值互换的方法，为继续承包的继承人保留必要的生产设施。如果互换有困难，则可以由继续承包人一次或分期向其他继承人偿付该生产设施的价值款；对于在继续承包期间不宜分割的遗产，如分割后会使基本生产条件发生变化的，则可延迟分割，由各继承人按份共有，只明确由继续承包的继承人管理和使用，并由他给其他继承人以适当的补偿。

应当指出，承包人生前应交纳的税款和因承包欠下的债务（如为生产经营活动借的款，应向集体组织提交的各种款项或实物等)，应当由各个继承人按照各自继承的遗产份额来负担，这些债务不能只由继续承包的继承人负担。而对于继续承包之前的收益，也应由各继承人共有。

（四）关于农村宅基地使用权能否作为遗产继承的问题

农村宅基地使用权是指集体组织成员在依法取得的农业集体组织所有的宅基地上建筑房屋并居住使用的权利。相比较于一般的用益物权而言，宅基地使用权是特殊的用益物权，其特殊性表现为：(1) 宅基地使用权的取得具有无偿性。从我国现有的法律规定来看，农民取得宅基地使用权除交纳数量极少的税费外，无须交纳其他费用，原则上是无偿取得。(2) 宅基地使用权具有人身依附性。根据《土地管理法》的规定，宅基地使用权与集体经济组织的成员资格密切相关，一经设定即具有极强的人身依附性，禁止流转。(3) 宅基地使用权在功能上具有福利性。宅基地使用权为保障农民“居者有其房”而设立，具有社会保障职能。

一般而言，用益物权具有财产的性质，应允许流转、继承。但宅基地使用权的特性决定了它是一项不适于继承的“特殊财产”。[①]

第一，从宅基地使用权的外部关系来看，基于取得上的无偿性，如允许其继承，将使继承人无端受益，有违公平理念；人身依附性决定了它必须因具有集体经济组织成员资格而取得、因集体经济组织成员资格的消灭而消灭，不产生在不同主体之间的流转（继承）问题；而福利性质决定了如果允许继承，将导致宅基地无限扩大。因此，《土地管理法》规定村民一户只能拥有一处

---

① 本书所论证的“农村宅基地使用权不能作为遗产继承”仅就一般情况而言。在特殊的情况下，如由于“地随房走”的原则，继承人对宅基地上所建造房屋的继承将导致对宅基地的继承。需要特别说明的是，对于宅基地，我国目前的政策是“一户一宅、无偿取得、灭失可补”。由于其特殊性，主体只能是本集体组织内部成员，换言之，其他主体对宅基地不享有处分权。

宅基地。

第二，从宅基地使用权的内部关系来看，属于家庭共同共有，不是被继承人的个人财产，不能作为遗产继承。共同共有以共同关系的存在为前提，因共同关系的产生而产生，因共同关系的消灭而消灭。在共同关系存续期间，各共有人之间不产生份额问题，对共有财产的全部享有平等的权利，承担平等的义务，不得请求分割共有物。根据学者通说，我国目前主要在以下场合成立共同共有：一是因夫妻关系的存在而产生的夫妻之间的共同共有；二是因家庭关系的存在而产生的家庭共有；三是因遗产未分割而产生的继承人之间的共同共有。宅基地使用权是家庭共同共有财产，与家庭关系密切相连。按照共同共有的法理，家庭成员对宅基地使用权享有平等的权利、承担平等的义务，家庭成员之间不产生份额的问题。在家庭关系存续期间，家庭成员不得请求分割，只要家庭关系存在，宅基地使用权的共同共有关系就存在。家庭个别成员的死亡，并没有导致家庭关系的消亡，也就不会产生宅基地使用权的分割问题，无法形成死亡人对宅基地使用权的个人份额。也就是说，“被继承人”死亡前，宅基地使用权并非其个人财产；“被继承人”死亡后，家庭关系仍然存在，宅基地使用权没有分割，仍然是家庭共同共有财产而非“被继承人”的个人财产。既然宅基地使用权并非个人财产，自然不能作为遗产继承。

六、《民法典》遗产范围制度评析

（一）《民法典》关于遗产范围的规定

《民法典》第1122条规定：“遗产是自然人死亡时遗留的个人合法财产。依照法律规定或者根据其性质不能继承的财产，不得继承。”

（二）《民法典》与《继承法》关于遗产范围规定之不同

较之于《继承法》,《民法典》的规定有如下变化：

第一,《继承法》中遗产法律关系的主体是“公民”,《民法典》中则采用了“自然人”的概念。

正如笔者在前文所述“将公民作为私法概念，反映了我国民事生活的某种程度的封闭性，是我国计划体制下国家事务与私人事务不分的产物。随着市场经济体制的建立和逐步完善，确立自然人的民事性质，将有助于我国市民社会的真正发展。”

第二,《继承法》中关于遗产的范围采用了结合式立法模式，首先概括规定了“遗产是公民死亡时遗留的个人合法财产”，接着又直陈式地列举了具体的七项遗产范围。

遗产范围的立法模式选择是一国在立法时根据本国的具体国情来进行的，世界上并无一个普适性的立法模式，凡是符合该国国情的立法模式就是应予以选择的模式。《继承法》的如此规定是与当时的社会背景相适应的。在《继承法》制定之时，我国尚处在计划经济时期，公民个人所拥有的财产数量还很少，遗产所涉及的范围也受到国家政策的限制，限于国计民生为数不多的几种财产范围。《继承法》第 3 条通过列举哪些财产可以作为遗产，可以帮助大家确定自己的遗产范围，有利于引导大家树立明确的财产追求目标。

现代社会，经济发展迅速、社会变化日新月异，国家对私有财产保护的观念也发生了根本性变化，人们的财产意识也有了极大的提高。与此同时，财产类型日趋复杂，特别是网络财产、无体物的财产属性越来越普遍，立法亦无法通过列举的方式来对遗产的范围进行示范与限定。当然，列举式立法模式的缺陷也是显而易见的，因为任何列举都是有限的，而社会生活是无限的，以有限的方式去描述和规定无限的社会生活，显然总是滞后的。[①] 《民法典》的修改具有弹性和延展性，能够适应社会的发展变化，以不变应万变，有效解决了各类新形式的虚拟财产的继承问题。避免在类型日趋增加和财产形式不断丰富的情形下，法律无法涵盖遗产的全部范围的弊端。

① 麻昌华：《遗产范围的界定及其立法模式选择》，载《法学》2012 年第 8 期。

第二章 法定继承制度研究

法定继承，其语源出自罗马法的“Successio abintestato”，是相对于遗嘱继承而言的。在以遗嘱继承为主的国家，法定继承通常被称为无遗嘱继承。它是指根据法律直接规定的继承人的范围、继承人继承的先后顺序、继承人继承的遗产份额以及遗产的分配原则来继承被继承人遗产的一项法律制度。

一、法定继承权的取得根据

法定继承人的范围是法定继承中最重要最基本的问题之一，其规定对当事人的利益影响非常重大，为各国继承法所重视。为此，我们必须首先研究继承权的取得根据问题。

（一）基于血缘关系而取得

为子孙造福，保存和繁衍自己的后代是人类的天性。正如马克思所说：“人们为自己的子女储蓄，他们的主要目的就是要保证子女有生活资料。如果子女的生活在双亲死后能够得到保障，那双亲就不会再去操心给子女留下生活所需的资料了。”① 因此，用法律手段来保障血亲属的继承权是十分必要的。世界各国的民事立法，无一例外地都按照血缘关系的亲疏远近确定其法定继承人的范围和顺序。

---

① 《马克思恩格斯全集》（第十六卷）。

在原始氏族社会，不论是母系氏族还是父系氏族，继承都遵循了一条基本规则，即财产必须留在本氏族内，只有本氏族的成员才有资格继承。继承人的范围限定在本氏族成员之内。虽有血缘关系，但不属于本氏族成员者，不能继承。如在母系氏族社会，子女不能继承父亲的遗产，而只能继承母亲的；在父系氏族社会，继承人的范围主要以亲生子女及男系后裔为限。而不管是母系氏族社会还是父系氏族社会，配偶分属不同的氏族，因此相互不能继承。究其原因，在生产力低下的原始社会，氏族是人们生活的基本单位，遗产留在本氏族这一规则，是维护本氏族利益，保证其发展壮大的基本条件。

罗马人通常对于“继承权”所下的定义是：“继承权是对于一个死亡者全部法律地位的继承。”① 意思就是说，死亡者的肉体人格虽已死亡，但他的法律人格仍旧存在，毫无减损地传给其“继承人”或“共同继承人”，（以法律而论）他的同一性在其“继承人”或“共同继承人”身上是延续下去的。同一性的基础是血缘的一脉相承，来自共同的祖宗。原始罗马法中规定亲属相互间继承权的原则，在它们还没受到“裁判官”的“告令法律”所变更前是这样的：首选由正统或没有被解放的直系卑血亲继承。在没有正统时，由“最近的宗亲”来代替他，即过去在或曾经在死亡者同一“家父权”下的最亲近的人或最亲近的亲等来代替。再次是三亲等和最后亲等，其中继承权传给同族人，即死亡者氏族或大氏族中的集体成员。

在罗马奴隶社会，按十二铜表法，其继承人的范围包括隶属于家父权的家子、服从丈夫“家父权”的妻子及最近的族亲、血亲和宗亲。已缔结有夫权婚姻和被解放的儿子因不属于父亲的家

---

① ［英］梅因：《古代法》，沈景一译，商务印书馆1997年版，第104页。

族而不能继承父亲的遗产。至裁判官时代，这种以罗马家庭为基础的宗亲继承被认为不公平，于是裁判官便在罗马家庭和自然家庭、宗亲权利和血亲权利之间采取一种妥协方式，创造了“遗产占有制度”。我国则无论在奴隶社会还是封建社会，继承人的范围只限于男系后裔，女儿及其后裔不能继承父祖的财产，妻子不能继承丈夫的财产。这是因为，在我国古代，继承的首要任务是继承宗祧，而女子可因结婚而成为丈夫家庭的成员。

进入资本主义社会后，由于社会商品经济的发展和“人生而平等”自然法理念的传播，父权制家庭逐渐衰落。家庭在社会生产中与此相适应，建立于其上的继承制度——实行财产必须保留在本家族内，即由儿子及其后裔继承，排斥女儿及其后裔继承权就显得不合时宜。这一变化使自然血亲关系成为维系亲属关系的主要纽带，人们重视血亲关系也就十分自然了。

（二）基于婚姻关系而取得

基于婚姻关系而取得法定继承权，这也是女方取得配偶继承权的主要途径。

婚姻或结婚是男女的结合，包含有一种彼此不能分离的生活方式。男女双方作为彼此最亲密的人，不可避免地会在家庭内部产生包括共同劳动、互相扶助、养育子女等在内的一系列权利、义务关系，同甘共苦，利益皆息息相关。因此，当配偶中的一方死亡后，另一方也就理应取得财产继承权。

但是，在我国古代，妇女没有继承权。例如，清律户役门立嫡子违法律规定“妇人夫亡无子守志者，合承夫分，须凭族长择昭穆相当之人继嗣，其改嫁者，夫家财产及原有妆奁，并听前夫之家为主”[①]。可见，所谓“合承夫分”的实质，也不过是对夫

---

① 郭明瑞、房绍坤：《继承法》，法律出版社 2012 年版，第 57 页。

的遗产暂行保管而已，根本不是什么继承权；对改嫁的妇女，不仅对丈夫的财产无继承权，而且自己的婚前财产也归夫家所有了。反之，封建法关于丈夫对妻子的财产继承虽无明文规定，但习惯上妻子的财产与丈夫的财产是合为一体的，妻子死亡后，其遗产当然归丈夫所有。如民国初期大理院判例认为，妻无子者，夫得继承其遗产。[①]

随着社会发展，家长制的日益削弱和家庭规模的逐渐缩小，使得以夫妻为核心的家庭形式成为主要的家庭形式，大大提高了夫妻在家庭中的地位，特别是近现代资本主义时期，基于对婚姻关系在人类社会延续中的决定性作用的明确认识，妇女的继承权受到高度重视。因此，当今世界各国民事立法对配偶间的相互继承权都作了肯定。

我国《继承法》不仅赋予配偶双方有相互继承遗产的权利，而且对保护生存配偶的财产继承权作出了明确规定："夫妻一方死亡后另一方再婚的，有权处分所继承的财产，任何人不得干涉。"（第 30 条）也就是说，生存配偶依法所继承的死亡配偶的遗产，为其个人所有的财产。对这些财产，他（她）享有自主地占有、使用、收益、处分的权利，任何人不得以任何借口加以干涉。

（三）基于扶养关系而取得

自 1922 年《苏俄民法典》第 532 条把与死者生前共同生活 1 年以上的无劳动能力的人列入法定继承人范围以来，东欧一些国家如前捷克斯洛伐克、保加利亚等国也把与死者生前共同生活、共同经管并关心家产或实行照顾的人，列入法定继承人的范围。我国《继承法》亦把有扶养关系的继父母子女、形成扶养关系的

---

① 佟柔：《继承法学》，法律出版社 1985 年版，第 79 页。

过继父母与过继子女（视为养父母子女）、对公婆或岳父母尽了主要赡养义务的丧偶儿媳或丧偶女婿，列入法定继承的范围。

二、法定继承人的范围

法定继承人范围，是指在法定继承中有权取得被继承人遗产的全部法定继承人。各国基本上是以婚姻关系、血缘关系和法律上拟制血缘关系为依据确定法定继承人范围的。对法定继承人的范围，各国立法不尽一致。

（一）法定继承人范围的比较法考察

由于时代不同、社会性质不同，以及历史传统和风俗习惯不同，各国确定法定继承人范围的依据不同，对法定继承人范围的规定也不相同。现代社会对继承人的范围主要有两种主张：一是法律上规定的法定继承人的范围较广，如法国、德国、美国和英国等；二是限于较窄范围内的亲属为法定继承人，如日本、中国等。

1. 对法定继承人的范围规定较宽的一些国家的立法

依《德国民法典》的规定几乎把涉及与死者有血亲关系的一切生存着的人都列入法定继承人的范围。包括：配偶，直系血亲卑亲属，祖父母（包括外祖父母）及其直系血亲卑亲属，曾祖父母及其直系血亲卑亲属，高祖父母及其直系血亲卑亲属。即它将与死者的高祖父母有血缘关系的一切亲属都列入了法定继承人的范围，正所谓“有血缘可寻之处，即有继承权存在”。

《法国民法典》规定的继承人的范围包括：被继承人的子女及其直系卑血亲，直系尊血亲，兄弟姐妹或其直系卑血亲，其他六亲等以内的旁系血亲（但在死者并非无能力立遗嘱，也未被剥夺公民权时，十二亲等以内的旁系血亲有继承权），配偶只有在死者未遗有有继承权的亲属或者只遗有兄弟姐妹以外的旁系亲时，才能成为法定继承人。

《美国统一继承法典》① 规定的法定继承人的范围是：配偶，直系血亲卑亲属，父母，兄弟姐妹及其直系卑血亲，祖父母、外祖父母及其直系血亲卑亲属。

英国的法定继承人范围是：配偶；子女及其直系卑血亲；父母；兄弟姐妹；祖父母、外祖父母；叔、伯、姑、舅、姨。

2. 对法定继承人的范围规定得比较窄的立法

《保加利亚继承法》规定的法定继承人范围包括配偶、子女（包括养子女）及其直系卑血亲、父母、兄弟姐妹、祖父母（外祖父母）、曾祖父母（外曾祖父母），以及与被继承人同居并对其实行照顾者。②

《日本民法典》规定的法定继承人的范围包括：配偶、子女、子女的直系卑血亲（为代位继承人）、直系尊血亲、兄弟姐妹及其子女。

从以上各主要国家继承立法的规定中可以看出，继承人的范围在各国立法中宽窄不一，其中最广者为德国，它把曾祖父母以下的一切直系血亲卑亲属都列入了法定继承人的范围。其次为法国，虽然在立法上采取了血亲限制主义的立法主张，但这种限制仅限于被继承人的旁系血亲（六亲等以内），而对被继承的直系尊亲属和直系卑亲属均无代数的限制。范围最窄的要数苏联的继承立法。造成上述这种状况的原因，一是各国对公民私有财产的认识不同；二是对继承目的的认识也存在差异。③

---

① 徐靖注译：《最新路易斯安那民法典》，法律出版社 2007 年版。

② 张玉敏：《继承法教程》，中国政法大学出版社 1997 年版，第 175—176 页。

③ 李双元、温世扬：《比较民法学》，武汉大学出版社 2016 年版，第 1030 页。

（二）我国对法定继承人范围的规定

按照我国《继承法》第 10 条、第 11 条、第 12 条规定，法定继承人包括：配偶、子女及其晚辈直系血亲、父母、兄弟姐妹、祖父母、外祖父母。子女包括婚生子女、非婚生子女、养子女和有抚养关系的继子女；父母包括生父母、养父母和有抚养关系的继父母；兄弟姐妹包括同父母的兄弟姐妹、同父异母或者同母异父的兄弟姐妹、养兄弟姐妹、有抚养关系的继兄弟姐妹。被继承人的子女先于被继承人死亡的，其死亡的子女的晚辈直系血亲为代位继承人。对公婆或岳父母尽了主要赡养义务的丧偶儿媳或丧偶女婿作为第一顺序继承人。

我国《继承法》在法定继承人范围上具有以下几个特点：

第一，我国《继承法》将有扶养关系的继子女、继父母列入法定继承人的范围，这是大多数国家所没有的。

第二，规定有扶养关系的继兄弟姐妹互有继承权，这是我国的一个独创。这一立法，体现了权利义务相一致的原则，有利于家庭养老育幼，扶助照顾病残者职能的实现，有利于鼓励兄弟姐妹之间的相互扶养，减轻社会负担。

第三，我国《继承法》将对公婆尽了主要赡养义务的丧偶儿媳，对岳父母尽了主要赡养义务的丧偶女婿列入法定继承人的范围，以事实上形成的权利义务关系作为取得继承权的根据，打破了以血缘关系、婚姻关系确定继承人的传统做法，是我国继承法的又一特色。

第四，同世界上一些国家相比，我国《继承法》规定的法定继承人的范围，是比较窄的。

“一般地说，从世界立法的趋势来看，对继承权的限制已成为普遍的要求，反映在法定继承人的范围上越来越窄”，“将法定继承人范围规定得最宽的 1900 年《德国民法典》，已成为‘时代的错误'"[①]，并认为缩小范围是迟早的事。然而，十多年过去了，法定继承人的范围在世界的其他国家并没有缩小（如上所列国家，但日本除外）。而且，对我国来说，在今后继承法的修改中，则应适当放宽法定继承人的范围。因为在笔者看来，一部好的继承法并不是对继承制度规定得最严格详细的法律，而是对可继承资源分配得最为适当的法律。就我国目前的状况来讲：首先，随着社会经济的发展，个体私营经济已是我国宪法所保护的所有制形式，"是我国社会主义市场经济的重要组成部分"。继承并不产生把一个人的劳动果实转移到别人口袋里去的权利——它只涉及具有这种权利的人的更换问题。因此，基于保护公民个人财产所有权之私法理念，个人财产应尽量归其近亲属之手。因此法律上应当扩大法定继承人的范围。

所以，笔者建议将侄子女、外甥、外甥女规定为法定继承人。原因主要有三：

其一，照顾民间有侄子继承的习惯；

其二，防止财产的外流；

其三，在我国，由于社会供养机制尚未完全建立，现实生活中无子女的姑、伯、叔、舅、姨，往往是由其侄子女、外甥子女给予精神上的慰藉，经济上的供给，生活上的帮助。因此，赋予其继承权，符合权利、义务相一致原则。[②]

三、法定继承人的顺序

法定继承人的顺序，即法定继承人的顺位，是指法律直接规

---

① 刘春茂主编：《中国民法学·财产继承》，人民法院出版社2008年版，第132页。

② 陈苇、杜江涌：《我国法定继承制度的立法构想》，载《现代法学》2002年第3期。

定的法定继承人参加继承、实际享有和行使继承权的先后次序。继承开始后，属于法定继承人范围内的人不能不分先后地同时进入继承，而必须按照法律规定的顺位依先后次序决定是否能作为继承权主体实际介入继承中去。当有前一顺序的继承人时，后一顺序的继承人则不能继承；只有在前一顺序的继承人发生主体权利全部空缺的情况下，后一顺序的人才有机会行使其继承权。法定继承人的继承顺序具有以下的特征：

第一，继承顺序的法定性。法定继承人的继承顺序是由法律根据被继承人与继承人之间关系的亲疏远近而直接规定的，当事人不能自行决定，也不得以任何理由予以变更。

第二，权利实现的排斥性。在法定继承中，后顺序继承人的继承期待权只有在（1）没有前一顺序的继承人；（2）前一顺序的继承人全部或放弃或丧失继承权的情况下，才能转化为现实的继承权。

第三，适用上的限定性。法定继承人的继承顺序只限制在法定继承中适用。在遗嘱继承中，遗嘱继承人的继承顺序不受法定继承人继承顺序的限制。

（一）确定法定继承顺序的方法

1. 血亲继承人的顺序

现代各国继承立法对血亲继承人的继承顺序，大体上有以下三种划分方法：

（1）亲等制。即按血亲亲等的远近划分继承顺序，以亲等近者为先；同亲等者为一顺序继承人。如父母子女为第一亲等，被列为第一继承顺序；兄弟姐妹、祖父母为第二亲等，被列为第二继承顺序。我国立法属此种类型。亲等继承制的特点在于，同一亲等的人数总是有限的，只要限制了亲等范围，就可以限制同一顺序中参加遗产继承的人数。

（2）亲系制。即按血亲亲系划分继承顺序，在各亲系的继承顺序内又按血缘关系的远近排列，以亲等近者为先。德国、瑞士、奥地利、匈牙利、希腊等国的立法属此类型。例如，《德国民法典》规定，第一顺序法定继承人为直系卑血亲。第二顺序法定继承人为父母及其直系卑血亲。如继承开始时父或母已不生存者，由死亡一方的直系卑血亲（父系或母系直系卑血亲）代位继承。如死亡一方无直系卑血亲者，由生存的一方单独继承。第三顺序法定继承人为祖父母及其直系卑血亲，顺序内部的划分原则同父母及其直系卑血亲的继承（以下各顺序内部的划分原则亦同）。第四顺序法定继承人为曾祖父母及其直系卑血亲。第五顺序法定继承人为高祖父母及其直系卑血亲。第六顺序即远亲等顺序，为更远亲等的亲属及其直系卑血亲。亲系继承制的特点有二：其一，亲系计算法没有完全摆平继承人与被继承人之间血缘关系的亲疏远近。如父母、子女在亲等计算法上同为一亲等，是第一顺序继承人，而在亲系计算法上，子女是死者的直系卑亲属，属第一顺序，父母则是死者的直系尊亲属，属第二顺序。其二，从理论上讲，在一个亲系中，继承人的人数可以无限延续下去。

（3）亲等与亲系结合制。即上述两种方法兼用，某一或几个顺序按亲系划分，其余顺序按亲等划分。目前大多数国家都采取亲系与亲等相结合的方法来确定继承顺序，如法国、英国、日本、加拿大等国。

综上，笔者认为，从血亲属的继承顺序应以与死者的血缘关系的远近来定这个角度看，采用亲系与亲等结合制无疑是比较合理的。

2. 配偶的继承顺序

关于配偶的法定继承顺序，现代各国立法的差异很大，大致上可归纳为两种立法例：一种是配偶有固定的继承顺序，其具体定位又有首要顺序和次要顺序之分。如我国规定配偶为第一顺序法定继承人，匈牙利则规定配偶为第二顺序法定继承人。另一种是配偶无固定的继承顺序，其可与任何顺序的血亲继承人共同继承遗产。世界上大多数国家如德国、日本、瑞士、英国、美国等属后一种立法例。

3. 有扶养关系（或长期共同生活关系）的继承人的继承顺序

有扶养关系（或长期共同生活关系）的继承人，其法定继承顺序，分为两种立法例：一种是给予其固定的继承顺序，如我国把尽了主要赡养义务的丧偶儿媳和丧偶女婿列为第一顺序法定继承人；另一种是不给予其固定的继承顺序，如苏联民法规定死者生前不少于1年的无劳动能力的人，不列入第一或第二顺序继承人的范围，他们可以与任何顺序的应召继承人平等地共同继承死者遗产。

（二）法定继承顺序的比较法考察

现代外国的立法，对法定继承顺序多少规定不一。

1. 法定继承顺序较少的国家立法

《日本民法典》规定：第一顺序的法定继承人是子女，子女先于被继承人死亡或丧失继承权时，由其子女代位继承。第二顺序的法定继承人是直系尊亲属。但是，亲等不同者之间，以亲等近者优先。第三顺序的法定继承人是兄弟姐妹，其子女可代位继承。配偶恒为继承人，可以和任何顺序的血亲继承人一起继承遗产。

2. 法定继承顺序较多的国家立法

（1）法国。《法国民法典》规定：第一顺序继承人为子女及其直系卑血亲。第二顺序继承人为父母、兄弟姐妹及兄弟姐妹的直系卑血亲。第三顺序继承人为除父母以外的直系尊亲属，亲等近者为先。无上述继承人时，由父母两系中亲等最近的亲属各得遗产的半数。直系血亲继承遗产没有代数的限制，旁系血亲继承基本上以十二亲等为限。而对配偶则不列入其中。关于配偶的继承权，根据《法国民法典》第 765—767 条规定，配偶仅在死者无子女、父母、兄弟姐妹及其直系卑亲属时，才能够继承遗产全部。其他情况则只享有一定份额用益权。

（2）德国。《德国民法典》规定：第一顺序法定继承人是直系卑亲属。在这一顺序中，亲等近者优先。如亲等近者有人于继承开始前死亡，则由其直系卑血亲代位继承。第二顺序是父母及其直系卑亲属。第三顺序是祖父母、外祖父母及其直系卑亲属。第四顺序是曾祖父母及其直系卑血亲。第二至第四顺序的法定继承人继承时，亦可按第一顺序继承的原则适用代位继承。第五及更远顺序的法定继承人为被继承人的远亲祖辈及其晚辈直系血亲。配偶无固定继承顺序，可以与任何一个顺序的继承人同时继承，其份额视其参与哪一个继承顺序而定。

（3）美国。《美国统一继承法典》规定的无遗嘱继承人分为血亲继承人和配偶继承人。

血亲继承人的法定继承顺序是：第一顺序是直系卑血亲，第二顺序是父母，第三顺序是兄弟姐妹及其直系卑亲属，第四顺序是祖父母及其直系卑亲属。如果没有第四顺序继承人，则由父母双方的其他亲属继承。配偶作为最主要的继承人，可与子女或父母一起继承遗产。如果死者无子女和父母，则由配偶继承全部遗产。

经比较，我们可以得出上述立法例有以下共同之处。

一是这些国家毫无例外地规定死者的子女及其直系血亲卑亲属为第一顺序法定继承人，而父母的继承人顺序在直系卑血亲之后。

二是所谓继承顺序是对血亲继承而言，配偶没有固定的继承顺序，其可以和某些顺序（或所有顺序）的血亲继承人一起继承。此外，上述国家的代位继承均不限于死者的直系卑亲属。

为何它们有如此共同的规律呢？笔者认为，主要原因有三：

第一，自人类进入阶级社会以来，财产继承制度的目的就是尽量保证死者的遗产能够留给死者的近亲属。在死者的近亲属中直系卑血亲尤其是未成年子女往往是最需要遗产扶养的人。因此，大多数国家和地区都将死者的直系卑血亲列为第一顺序法定继承人，以满足其生存和发展的需要。

第二，死者的父母如属于年老无劳动能力的人或无经济来源不能独立生活的人，死者的子女作为孙辈有义务对祖辈进行扶养，并且通过社会保障制度也应对其给予一定的养老金或基本生活费，以保障其生活。

第三，遗产必须留在家庭内部，这是实现家庭养老育幼职能的需要。因此，从奴隶社会、封建社会到资本主义社会，乃至社会主义社会，不同社会中占主导地位的人们内心的共同愿望都是要把自己的遗产尽量留给子孙而不外流，这表现为大多数国家人们的继承习惯一般都是由子孙继承。如果父母与子女同列为第一顺序，遗产之一部分被父母继承，在父母死亡时，遗产就由父母的父母（被继承人的祖父母）和父母的子女（被继承人的兄弟姐妹）继承，最终导致遗产向旁系血亲分散，使遗产从家庭内部流向外部。这有悖大多数人内心的共同愿望和长期形成的继承习惯。事实上在有子女的情况下，人们往往不愿意自己的财产落入旁系血亲手中。如果将父母与子女并列为第一顺序继承人，这会导致死者的财产双向流动，往往是不符合死者愿望的。一般来说，死者总是希望将遗产留给自己的子女并通过他们在自己的直系卑亲属中保持下去，以实现家庭的职能，保证子孙的延续。只有在无直系卑亲属时，才会考虑将财产留给父母。大多数民族的传统习惯一直是卑亲属继承尊亲属，而不是相反。因此，现代社会大多数国家的继承法都规定死者的直系卑血亲为第一顺序继承人，以保证遗产留在家庭内部。至于配偶的继承顺序未予固定，既是为了维护配偶的利益，也是为了维护被继承人的血亲的利益。因为，如果把配偶固定地列入第一顺序，死者的父母将会一无所得，祖父母、外祖父母及兄弟姐妹等旁系血亲也不可能获得遗产。这可能是被继承人所不愿意的。如果把配偶列入第二顺序，在有直系卑血亲时配偶又会一无所得。在现代社会，家庭结构以核心家庭为主，家庭成员越来越少，已婚的子女通常是和父母分开居住的。在子女结婚离家后，只剩下夫妻两人相依为命，一方死亡，对另一方来讲已是沉重的打击，如不让配偶参加继承既不合情理，也非被继承人所愿。因此，不把配偶列入规定的继承顺序这一做法平衡了死者的配偶与血亲属双方的利益，也反映了社会大多数人的愿望。

（三）我国法定继承顺序的规定

我国《继承法》规定的法定继承顺序为：

第一顺序：配偶、子女、父母，子女先于被继承人死亡的，由其直系卑血亲代位继承；

第二顺序：兄弟姐妹、祖父母、外祖父母。

另外，对公婆尽了主要赡养义务的丧偶儿媳，对岳父母尽了主要赡养义务的丧偶女婿，为第一顺序法定继承人。

笔者认为，我国《继承法》中关于法定继承顺序的规定是不尽合理的。具体分析如下：

第一，关于子女及其直系卑血亲的继承顺序。根据对我国民间继承习惯所做的调查，我国继承法实施几十年后，许多地区人们的继承习惯仍然是子女优先于父母继承，在死者有后人时，父母一般不参与继承遗产。就是说，在继承时父母和子女事实上有一个顺序上的差别。按我国民间的习惯，父母只能在死者没有直系卑血亲的时候方能继承。因此，笔者认为，将子女及其直系卑血亲作为第一顺序法定继承人，既符合我国人民的继承习惯，也符合世界上大多数国家的立法例。

第二，关于父母的继承顺序。笔者认为，应将父母作为第二顺序继承人。因为，父母和子女一样都是被继承人最近的直系血亲，父母与祖父母、外祖父母、兄弟姐妹相比，被继承人与前者的关系比后者更为密切。在没有直系卑血亲时，大多数人是希望遗产由父母继承的。

第三，关于配偶的继承顺序，笔者认为，对其应不设固定顺序。因为，是否将配偶列入第一顺序就能显示对其继承地位的重视以及意味着能很好地保护他们的利益呢？其实未必，如在我国，将配偶列为第一顺序，其所得之遗产最多固然可能是全部，但若死者有子女、父母时，其继承份额则十分有限。从国外立法来看，其他一些国家和地区的立法不将配偶列入固定的继承顺序，以保护血亲的利益，但又通过先取权制度对配偶的权利加以保护。如根据《德国民法典》第 1932 条规定，生存配偶与第二顺序亲属或祖父母同为法定继承人，则除继承份额以外，生存配偶对婚姻家庭生活中的物品作为先取权，除在取得其应继份外，更取得属于其婚姻家庭用具的物件，但以此物件不属于土地的从物者为限——以及全部在结婚时收受的赠与物享有先取权。如生存配偶与第一顺序血亲亲属并列为法定继承人，以上述物件为其适当的家庭生活所需要者为限，上述物件归属于该生存的配偶。这种做法不仅有利于保护配偶的权利，还有利于防止在死者无直系卑亲属但还有父母兄弟姐妹等近亲属的情况下，遗产全部被配偶取得（如其再婚，遗产则流出家庭之外），而死者的血亲则一无所得。这样符合继承制度的立法目的，符合公平原则。

第四，关于兄弟姐妹及其子女、祖父母、外祖父母的继承顺序。笔者认为，应分别将兄弟姐妹及其子女作为第三顺序继承人，祖父母、外祖父母作为第四顺序继承人。祖父母、外祖父母和兄弟姐妹都是二亲等血亲，为什么不把祖父母、外祖父母和兄弟姐妹同列为第三顺序继承人呢？其原因与把父母列为第二顺序的原因是相同的，即避免把遗产向更远的旁系血亲扩散。

第五，关于丧偶儿媳和女婿只要符合对公婆或岳父母尽了主要赡养义务，不论其是否再婚，均得为第一顺序法定继承人，且这不影响其子女的代位继承权。这一规定的立法目的是鼓励儿媳和女婿赡养老人，保证失去子女的老人晚年生活有依靠。但是若死者的父母、子女均已死亡或丧失继承权，且子女亦无直系卑血亲代位继承，丧偶儿媳和女婿则可能因其尽了主要赡养义务，独享所有遗产，将第二、三顺序的法定继承人排除在外。若其再婚，这无疑会造成死者的遗产落入“外人”手中。不符合由民族社会发展至今的传统习惯，即财产尽可能留在本家族内的原则，也不符合世界各国均不承认姻亲有继承权的习惯。因此，笔者认为，丧偶儿媳和女婿尽了对公婆和岳父母的主要赡养义务，可适用适当分给遗产制度来实现其权利义务的一致。故建议删除 1985 年《继承法》第 12 条之规定。

总之，我国法定继承顺序的重建，应当尊重我国人民的传统继承习惯，并适应社会经济生活的需要。因此，笔者把子女及其直系卑血亲属列为第一顺序继承人，把父母列为第二顺序继承人，把兄弟姐妹及其子女列为第三顺序继承人，把祖父母、外祖父母列为第四顺序继承人，其目的在于保证遗产首先为直系卑亲属取得，使得遗产保留在家庭中而不向旁系扩散，以保障死者后代的生存与发展。[①]

四、法定应继份及酌给遗产

（一）法定应继份概述

应继份是指各共同继承人在继承遗产时所应当取得的份额。应继份以有两个以上的继承人为前提，如果只有一个继承人，则全部遗产都归其一人继承，不发生遗产的分配与应继份的问题。

应继份依确定的根据不同，分为法定应继份和指定应继份。前者是由法律直接规定的应继份，后者是被继承人用遗嘱指定的应继份。

（二）血亲的法定应继份

1. 血亲应继份的比较法考察

外国对血亲应继份的分配一般实行均等份额分配。

《法国民法典》规定："同一亲等的直系尊血亲，按人头继承。"

《瑞士民法典》规定，子女平均继承被继承人的财产；被继承人无直系卑血亲的，由父母平均继承；被继承人既无直系卑血亲，亦无父母系的继承人的，遗产由其祖父母系平均继承。

德国法规定其血亲的应继份是：子女应继份相等，父母应继份相等。父母一方死亡，应继份由其直系卑亲属代位继承，无直系卑亲属时应继份归属于对方。祖父母为继承人时，先将归属于祖父母的应继份分为两股，父系祖父母和母系祖父母各一股，每系之内再分两股，祖父和祖母各一股。若一方死亡，应继份由其

---

① 杜江涌：《家事法与家事习惯——晋中地区家事习惯调查报告》，华中科技大学出版社 2017 年版，第 31 页。

直系卑亲属代位继承，无直系卑亲属则归属于他方，若他方亦不存在，归属于他方的直系卑亲属。双方均不存在且无直系卑亲属时，该股即转归另一系的祖父母。亲系继承止于祖父母。曾祖父母继承时，由存在之曾祖父母不分亲系平均继承。

2. 我国立法对血亲法定应继份的规定

我国《继承法》所实行的是同一顺序的继承人在条件大体相同的情况下相对的平等份额。它鲜明的特点在于始终贯彻了权利、义务相一致的原则。《继承法》第 13 条第 1 款规定："同一顺序继承人继承遗产的份额，一般应当均等。"这是就法定应继份所作的原则性规定。但是，根据权利、义务相一致的原则，《继承法》第 13 条又作了相应规定："……对被继承人尽了主要扶养义务或者与被继承人共同生活的继承人，分配遗产时，可以多分。有扶养能力和扶养条件的继承人，不尽扶养义务的，分配遗产时，应当不分或者少分。继承人协商同意的，也可以不均等。"这些规定说明：

（1）同一顺序的法定继承人在条件大体相同的情况下应平均分配遗产。这里所说的"条件大体相同"是指：

第一，各继承人的劳动能力大体相同。如都具有完全的劳动能力，或都缺乏劳动能力或完全没有劳动能力。在各继承人的劳动能力大体相同的情况下，再考虑其他条件是否也相同。

第二，继承人对被继承人所尽的义务大致相同。继承人对被继承人所尽的扶养义务，不能单纯地理解为金钱或其他物质上的给予，更主要地表现为生活上的照顾。此外，还包括精神上的安慰。因此，有的继承人对被继承人的物质扶养少一些，但却给被继承人很多的生活照顾，有的从生活方面对被继承人照顾少一些，却在物质方面给予很多帮助。对于这些情况应当认为他们所尽的义务大体是相同的。

第三，继承人的扶养能力和扶养条件大体相同。

（2）在某些特殊情况下，同一顺序继承人的应继份也可以不均等。

第一，对生活有特殊困难缺乏劳动能力的继承人，如未成年人、丧失劳动能力的人，分配遗产时应当予以照顾。

这一规定体现了我国家庭成员之间团结互助的优良传统；同时，进一步发挥了遗产对家庭成员的扶养职能。

第二，对被继承人尽了主要扶养义务或与被继承人共同生活在一起的人，可以多分遗产。也就是说，对那些有扶养能力和扶养条件而不尽扶养义务的继承人，分配遗产时，应当不分或少分。但是，对那些虽然扶养能力小，扶养条件差，但都尽最大努力扶养被继承人的，或者没有扶养能力和扶养条件的继承人，应当适当地多分给他们一些遗产。

这一规定，贯彻了权利与义务相一致的原则，是社会主义精神文明的重要体现。作为继承制度中的一个基本原则，它有助于发扬我国尊老爱幼的优良传统，使少有所养，老有所依。

第三，继承人协商同意的也可以不均等。也就是说，在继承开始后，同一顺序的继承人对遗产的分配份额达成协议时，可按协议处理。

这一规定体现了意思自治的私法原则。也就是说，法定应继份的规定不具有强制性，如果全体继承人一致同意改变遗产的分配比例，也应当承认其有效。

总之，在进行遗产分配时，既要尊重继承人平等的继承权，又要兼顾继承人的各种实际情况，考虑各继承人所尽义务，以及经济、劳动能力等状况，特别要照顾未成年人和丧失劳动能力的继承人的利益。

我国《继承法》所实行的同一顺序的继承人在条件大体相同

的情况下相对平等的份额，与世界上大多数国家规定的同一顺序的血亲继承人之间的绝对平均份额相比有着很大的差别。笔者认为，我国实行有条件的相对平均应继份额原则，有利于鼓励继承人孝敬尊长，促进家庭成员间的和睦相处，互帮互助。

（三）配偶的法定应继份

在对待配偶的应继份额方面，国外的立法主要有三个原则：一是均等份额原则；二是不均等份额原则；三是配偶的先取权。

1. 配偶法定应继份的比较法考察

《法国民法典》对配偶的继承权主要采取用益权制度。规定死者在有子女继承的情况下，健在的配偶享有1/4的用益权。如死者遗有兄弟姐妹，兄弟姐妹的直系卑亲属及其直系尊亲属，或合法婚姻期间受胎的非婚生子女时，健在的配偶享有1/2的用益权。如果死者未遗有有继承权亲等的亲属，或死者仅遗有除兄弟姐妹或他们的直系卑亲属以外的旁系亲属时，配偶才有继承其遗产半数的权利。

《德国民法典》规定，配偶无固定的继承顺序，“如果被继承人的生存配偶与第一顺序亲属同时存在则以遗产的1/4、如果与第二顺序亲属或者与祖父母同时存在则以遗产的1/2取得法定继承人资格。如果是祖父母和祖父母的晚辈直系血亲共同继承，配偶从另外的1/2当中获得归属于晚辈直系血亲的份额”；“如果既不存在第一顺序或第二顺序的亲属也不存在祖父母，生存配偶即获得全部遗产”；“如果在继承时已开始分割财产并且除生存配偶之外还有被继承人的一个或两个子女也具有法定继承人资格，则生存配偶和各子女等额继承”；“如果生存配偶与第二顺序亲属或与祖父母同为法定继承人，则除继承份额以外，生存配偶对婚姻家庭生活中所属物品——以其并非土地附属物为限——以及为结婚而赠送的礼品享有先取权。如果生存配偶与第一顺序亲属同为法定继承人，则以为维持适当的家庭生活所必需为限，上述物品归其所有”。

《日本民法典》规定，配偶无固定继承顺序，配偶与子女同为继承人时，其应继份为遗产的1/2；与直系血亲尊亲属同为继承人时，其应继份为遗产的2/3；与兄弟姐妹同为继承人时，其应继份为遗产的3/4。

《瑞士民法典》规定，死者有直系卑血亲的，配偶按其选择，或对遗产的1/2享有用益权，或取得1/4的遗产所有权；配偶在与死者父系或母系继承人共同继承时，取得1/4遗产的所有权和3/4遗产的用益权；配偶在与祖父母系的继承人共同继承时，取得1/2遗产的所有权和其他1/2遗产的用益权。在死者没有上列血亲属继承人存在时，配偶取得全部遗产份额。

从上述国家关于配偶应继份的立法中，我们不难看出：

（1）从现代继承法的动向来看，配偶在继承法中的地位已经普遍得到了加强，而且配偶的应继份有逐渐增大的趋势。如日本通过修改民法，将配偶的应继份大幅度提高：配偶与直系卑血亲共同继承时，应继份从遗产的1/3提高到1/2；配偶与直系尊血亲共同继承时，应继份从遗产的1/2提高到2/3；与兄弟姐妹及其子女共同继承时应继份从遗产的2/3提高到3/4。

（2）在日本的立法中，配偶的应继份实际高于直系血亲卑亲属的应继份；而在德国、法国等国家中，配偶的应继份比直系血亲卑亲属应继份要少，但均有遗产用益权或先取权的规定加以弥补。

2. 我国立法关于配偶应继份的规定

我国继承法十分重视配偶的应继份，把配偶列入法定继承顺序，与被继承人的子女、父母共同继承，一般在各继承人条件大体相同的情况下，取得平均的遗产份额。若被继承人的父母在继承开始之前已经死亡，被继承人又没有子女或其子女先于被继承人死亡而又无直系血亲卑亲属代位继承，则配偶可继承全部遗产。

从我国的国情来看，我国仍然是发展中国家，虽然有一大批拥有大量生产资料的民营企业家、个体工商业主和很多拥有较大数量财产的白领阶层，但是绝大部分人的财产数量较少，并且主要是生活消费资料。从我国民间的习惯来看，配偶一方死亡后，对于住房和家具等基本生活资料，一般不予以分割，而是由生存一方继续居住和使用。

但我国现行法律对于生存配偶的这项基本权利却未加以确认，而只规定："遗产分割的时间、办法和份额，由继承人协商确定。"假若其他继承人坚持分割，必将危及生存配偶的正常生活。特别是在再婚家庭中，这个问题显得尤为突出。

因此，如果被继承人死亡后有第一顺序继承人时，被继承人的父母、祖父母、外祖父母等均不能参加继承。为了保障依靠被继承人扶养的法定继承人（往往是被继承人的父母、祖父母、外祖父母等老年人）的生活不受影响，有必要赋予其一定的遗产（主要是供日常生活使用的物品和住房）使用权。由于使用权是他物权，依靠被继承人扶养的法定继承人在生存期间对其生前使用的部分遗产享有使用权，当其死亡后则该使用权归于消灭，不会影响被继承人的直系卑血亲继承遗产而取得的所有权，故不会导致死者的遗产流向家庭外部。

（四）酌给遗产

酌给遗产是指对继承人以外的依靠被继承人扶养的缺乏劳动能力又没有生活来源的人，或者继承人以外的对被继承人扶养较多的人，可以分给他们适当的遗产。

酌给遗产作为中华民族的传统美德之一，在清朝就已在立法中有所体现：如果女婿为所后之亲喜悦者，酌予分给财产，酌给之标准自安有由其所后之亲定之。民国民律草案袭取其义而规定之。《中华民国民法典》第1149条规定，被继承人生前继续扶养之人，应由亲属会议依其所受扶养之程度及其他关系，酌给遗产。《继承法》第14条对此也有明确的规定。

当代也有不少国家以各种形式规定有遗产酌给制度。如《德国民法典》规定，已离婚的配偶，如生活困难，对方应给予扶养，对方死亡后，由死者的继承人从遗产中给付扶养费。《瑞士民法典》规定，被继承人死亡时，受其扶养的继承人，可请求自被继承人死亡后继续给予一个月的生活费。

通过以上规定我们不难看出，我国的继承法完全体现了权利、义务相一致的原则。外国立法则仅体现了一种观点，即被继承人生前扶养过的人，如果其尚未成年，那么继承人有继续扶养的义务。他们所缺少的是对被继承人生前尽过扶养义务的人在被继承人死亡后有分得其遗产的权利。这也是我国与其他国家在酌给遗产制度上的区别。

五、《民法典》法定继承制度评析

（一）《民法典》关于法定继承制度的规定

《民法典》第1127条规定："遗产按照下列顺序继承：

（一）第一顺序：配偶、子女、父母；

（二）第二顺序：兄弟姐妹、祖父母、外祖父；

继承开始后，由第一顺序继承人继承，第二顺序继承人不继承；没有第一顺序继承人继承的，由第二顺序继承人继承。

本编所称子女，包括婚生子女、非婚生子女、养子女和有扶养关系的继子女。

本编所称父母，包括生父母、养父母和有扶养关系的继父母。

本编所称兄弟姐妹，包括同父母的兄弟姐妹、同父异母或者同母异父的兄弟姐妹、养兄弟姐妹、有扶养关系的继兄弟姐妹。”

第 1128 条规定：“被继承人的子女先于被继承人死亡的，由被继承人的子女的直系晚辈血亲代位继承。

被继承人的兄弟姐妹先于被继承人死亡的，由被继承人的兄弟姐妹的子女代位继承。

代位继承人一般只能继承被代位人有权继承的遗产份额。”

第 1129 条规定：“丧偶儿媳对公婆，丧偶女婿对岳父母，尽了主要赡养义务的，作为第一顺序继承人。”

第 1130 条规定：“同一顺序继承人继承遗产的份额，一般应当均等。

对生活有特殊困难又缺乏劳动能力的继承人，分配遗产时，应当予以照顾。

对被继承人尽了主要扶养义务或者与被继承人共同生活的继承人，分配遗产时，可以多分。

有扶养能力和扶养条件的继承人，不尽扶养义务的，分配遗产时，可以部分或者少分。

继承人协商同意的，也可以不均等。”

第 1131 条规定：“对继承人以外的依靠被继承人扶养的人，或者继承人以外的对被继承人扶养较多的人，可以分给适当的遗产。”

第 1132 条规定：“继承人应当本着互谅互让、和睦团结的精神，协商处理继承问题。遗产分割的时间、办法和份额，由继承人协商确定；协商不成的，可以由人民调解委员会或者向人民法院提起诉讼。”

（二）《民法典》与《继承法》关于法定继承规定之不同

较之于《继承法》，《民法典》的规定有如下变化：

1. 扩大了法定继承人的范围

《民法典》的继承编新设兄弟姐妹子女的代位继承权，将第二顺位的继承人中的兄弟姐妹的子女规定为代位继承人，扩大了代位继承人的范围，使侄子、侄女、外甥、外甥女等兄弟姐妹的子女及其晚辈直系血亲获得代位继承权，防止遗产成为无人继承的财产。因为兄弟姐妹属于第二顺位继承人，所以，兄弟姐妹子女代位继承只发生在被继承人没有第一顺位继承人且第一顺位继承人没有晚辈直系血亲代位继承的情况下。

2. 取消了对酌分遗产人“双缺”的限制

基于对被继承人生前意思的推定以及法律对“弱者”的保护，继承法确立了酌分遗产制度。继承法规定的酌分遗产权权利主体包括两类：第一类是“对继承人以外的依靠被继承人扶养的缺乏劳动力又没有生活来源的人”；第二类是“继承人以外的对被继承人扶养较多的人”。

《继承法》第 14 条规定依靠被继承人扶养的人若享有酌分遗产权就必须以接受扶养人“缺乏劳动能力又没有生活来源”为限制，这一条文是借鉴了《苏俄民法典》的规定。该规定本身体现了社会主义主体国家积极倡导劳动和自力更生这一理念，在现实生活中具有一定的积极意义存在。

但是否以“缺乏劳动能力又没有生活来源”即“双缺”的情况作为法律赋予接受扶养人作为酌分遗产权权利主体的必备条件，不少人持否定意见。理由如下：

第一，该限制性条件不符合酌分遗产权的法理基础。如前所述，确定接受扶养人享有酌分遗产权的主要原因之一是对被继承人的意思推定的认可，既然死者生前长期扶养某人，那么法律可以推定其死后也有继续扶养的义务。

第二，把“双缺”这一法律规定作为接受扶养人享有酌分遗产权的考虑因素，限制了该制度的功能发挥，也不利于社会养老育幼风气的倡导。

正是基于此，《民法典》取消了对酌分遗产人“双缺”的限制。

第三章 遗嘱继承制度研究

人们往往习惯由法律来安排自己的身后财产。而随着社会的发展，个人意识的觉醒，人们越来越热衷于按自己的意愿来分配遗产，于是，遗嘱继承制度应运而生。

遗嘱继承，是法定继承的对称，它是指按照被继承人生前所立遗嘱的内容来处理遗产的制度。立遗嘱的被继承人叫遗嘱人；接受遗嘱指定，继承遗产的人叫遗嘱继承人。依此制度，遗嘱继承人的范围和顺序、继承人的应继份、遗产的管理和分割均由遗嘱人在遗嘱中加以指定，因此，又称“指定继承”。与法定继承相比，遗嘱继承有以下法律特征：

第一，遗嘱继承的发生需要被继承人生前立有有效遗嘱和被继承人死亡两个法律事实。而法定继承的发生只需要被继承人死亡一个法律事实。

第二，遗嘱继承在适用上优先于法定继承。凡死者留有合法有效遗嘱的，都必须先执行遗嘱。只有被继承人生前没有立遗嘱或虽立遗嘱但遗嘱无效时，才按法定继承办理。

第三，我国遗嘱继承人与法定继承人虽然范围相同，但遗嘱继承人不受法定继承顺序的限制。遗嘱继承人继承遗产的数量也不受法定继承中遗产分配原则的限制。

第四，在我国遗嘱继承人的法律地位不能被替代。遗嘱继承人先于遗嘱人死亡的，其作为遗嘱继承人的法律地位在无遗嘱人另行补充指定的情况下不能由他的晚辈直系亲属替代。法定继承中，“被继承人的子女先于被继承人死亡的，由被继承人的子女的晚辈直系血亲代位继承”。

一、遗嘱自由原则

意思自治作为私法自治的核心和灵魂，已经成为民法的一项基本原则，体现在民法领域的各个方面。不但在传统的合同法中有所体现，在其他部门法律中也都有体现。在继承领域，则表现为遗嘱自由。

（一）遗嘱自由原则在遗嘱继承中的体现

现代遗嘱法一般说发源于罗马法，在古代法典的核心中并没有“遗嘱”的痕迹。凡含有“遗嘱”的法律，都来自罗马法律。罗马人对于“无遗嘱”而死亡感到特别的恐怖，丧失遗嘱特权似乎被认为是比任何灾害更沉重的一种天罚；诅咒一个敌人，说他要死而无“遗嘱”要比任何诅咒都更苛酷。在公元前5世纪十二铜表法中已有遗嘱法。至公元前2世纪，遗嘱已为一般人所普遍使用，无遗嘱继承已成为例外现象。到了1世纪，遗嘱继承得到了确认。6世纪，在罗马法典中，遗嘱继承已经趋于成熟，成为中世纪后期欧洲大陆遗嘱继承的楷模。在近代，德、法两国遗嘱于12世纪至13世纪产生。遗嘱之风习及于一般庶民，在法国为14世纪，在德国为15世纪之后的事。法国（第895条）、德国（第1937条、第1938条）民法，均不以继承人之指定为要件，也均未采用罗马法上“任何人不得就一部为遗嘱就一部无遗嘱而死亡”之原则。[1] 在英国，一向以遗嘱继承为原则。在1938年继

---

① ［意］彼德罗·彭梵得：《罗马法教科书》，黄风译，中国政法大学出版社2018年版，第330页。

承法案通过后对于遗嘱人之配偶、未成年子女，规定一种类似特留份的制度之前，绝对承认被继承人依遗嘱处分财产之自由，法定继承仅于无遗嘱或遗嘱无效情况下才适用。我国古代也有遗嘱这种处分遗产的方式。不过，在其继承法律制度中，遗嘱处分的地位远没有罗马法中那么重要，它仅是法定继承的一种补充，通常只用于遗赠，而不用来指定继承人。直到今天，多数中国人仍然习惯让法律来安排自己的身后财产，而不习惯遗嘱处分这种方式。这是因为与现代继承法不同，古代继承法考虑的主要是家庭，对于个人和社会则极少留意，这一点东西方都不例外。在古代社会，基本的社会单位是家庭、家族而不是个人，个人的人格往往被家庭和家族所吸收。在家族内部本无所谓任何种类的继承权问题，只不过是对集体财产的团体继承。在这样的社会里，遗嘱继承是不可能发达的。而现代继承法在制度设计上主要考虑的是三个方面的因素，即个人、家庭和社会三者利益的调和，这是人类进取的要求，因此也就成了法律所追求的目标。这也是继承法律制度得以发展起来并走向完善的原因。

从遗嘱继承制度的历史沿革中我们不难发现，遗嘱继承制度中的遗嘱自由原则集中体现了意思自治原则的要求。孟德斯鸠认为自由应包含两方面的含义，一是“做法律所许可的一切事情的权利”。二是“一个人能够做他应该做的事情，而不被强迫去做他不应该做的事情”。具体而言，遗嘱自由的内容主要包括：遗嘱人可以通过订立遗嘱变更继承人的继承顺序和应继份额，甚至可以取消法定继承人的继承权；可以将财产赠与法定继承人以外的其他公民或赠与给国家、集体组织、用于社会公共福利事业等。之所以把遗嘱自由看作意思自治原则的体现，就是因为建构在遗嘱自由基础之上的遗嘱继承制度与法定继承相比，更能直接体现财产继承人的意志。遗嘱自由原则与意思自治原则一样体现了对公民个人财产权的保护和尊重，这无疑对社会利益、公共利益及被继承人本人的利益的保护具有相同的作用。

另外，在遗嘱继承和法定继承这两种不同的独立的继承方式的相互联系中，我们也可以看到遗嘱自由原则与意思自治原则的相同点。因为在实践中，是适用遗嘱继承还是适用法定继承，要依据被继承人是否立有遗嘱来确定。如果被继承人立有遗嘱，适用遗嘱继承；如果被继承人没有立下遗嘱，或所立遗嘱无效，则适用法定继承。这表明，在继承法的运作过程中，遗嘱继承的效力要优于法定继承，也就是说，当事人的意志要优先于法律的规定。这也从一个侧面说明了遗嘱继承和法定继承在实践中的具体运作情况，也体现了意思自治原则的要求。

（二）遗嘱自由原则立法例之介绍

在世界上，对待遗嘱自由的态度，曾经有过两种不同的主张：古罗马法和近代英美法系国家主张偏重于强调保护遗嘱人的自由意志，使之享有自由处分自己财产的绝对权利，这种主张被称作遗嘱自由主义，或绝对的遗嘱自由主义。① 这种主张的理由是：既然遗嘱人生前可以自由处分自己的财产，那么，遗嘱人将财产遗留给自己的遗嘱继承人或受遗赠人，法律就不应当加以干涉。因此，最早的“省议会”（Provincial Councils）的命令对于否认“遗嘱”神圣性的人都有革出教门的规定。17 世纪法律文籍中一个共有的论点可以说明这种情况，当时的法学家很普遍地认为“立遗嘱”权利的本身是来自“自然法”的权利，是由

---

① 有学者认为实际上从来就没有过绝对的遗嘱自由，从古到今，遗嘱自由都要受到家庭制度和伦理道德的限制。古罗马法中也有“遗嘱逆伦之诉”制度对遗嘱自由加以限制。即被继承人没有正当理由而取消处于家长权之下的子孙的继承权被认为是违背人伦的，被取消继承权之人得提起“遗嘱逆伦之诉”，若胜诉，则遗嘱将被宣告无效。

“自然法”所赋予的一种权利。

大部分的大陆法系国家，如法国、德国、日本等则主张，财产所有人以遗嘱的方式处理财产，应当符合公平原则，不得违反法律关于法定继承人的“特留份”或“保留份”的规定。用遗嘱的方式处分遗产只能是遗产的一部分，而不能是全部，否则就要受到法律的干预。此种主张被称为相对的遗嘱自由主义，或有限制的遗嘱自由主义。拿破仑法典（Code Napolèon）对于“遗嘱权”有着许多严格的限制。虽然通过“遗命”而享有处理遗产的自由是封建主义的一个偶然产物，但是在自由“遗嘱”处分制度和其他制度，如封建土地法制度之间，存在巨大的区别，因为在封建土地法制度之下，财产的移转是被强迫按照规定的遗传系统而进行的。但法兰西法典的著者没有注意到这一点。他们看到“长子继承权”主要建筑在“家族”授产的基础上，但他们同时也注意到“遗命”在严格限嗣继承下常常被用来以为他保留的完全相同的优先权给予长子。因此，法兰西法典规定长子不得在婚姻协议中优先于其余诸子，并把“遗嘱继承”排斥于法律之外，否则“在父死亡时期财产应在诸子中平均分配”这一基本原则，不能成立。其结果是建立了一种小范围的永续限嗣继承制度（a system of small perpetual entails），这种制度非常接近欧洲的封建制度，而不是完全的遗产自由。同时也可以看到以这个法兰西法典为模板的各种制度正在一天天地增加。

从世界整个继承立法的总趋势来看，由于遗嘱自由的任意性太大，极容易导致社会财富分配不公平，因此，遗嘱自由在任何国家都要受到一定的限制，即使是曾经主张“遗嘱绝对自由主义”的英国等，也趋向于通过立法手段直接作出某些限制性的规定，或者授予法官以更大的权利酌情变更遗嘱，以保障死者的配偶、未成年子女的生活抚养费不被遗嘱剥夺。由此可见，遗嘱绝对自由主义和遗嘱相对自由主义这两大主张正日趋靠拢和接近，其差别正在逐渐消失。世界上大多数国家都对遗嘱自由采取了一定的限制，实际上遗嘱自由已经发展到了有限制的遗嘱自由主义。“个人的主体地位与社会的安排之间有很强的互补性。重要的是同时承认个人自由的中心地位和影响个人自由的程度和范围的社会因素的力量。为了解决我们面临的问题，我们必须把个人自由视为一种社会的承诺。”① 即只要遗嘱的内容违反法律原则、社会公共道德，该项遗嘱的条款就会被法律宣告为部分或全部无效。

1. 大陆法系国家遗嘱自由之限制

先看大陆法系国家。在大陆法系国家，遗嘱自由要受到特留份的限制，而且比英美法系国家对遗嘱自由的限制更为严格。法国、日本和德国分别规定了“特留份”和“保留份”对遗嘱自由加以限制。一般来说，在设立了“特留份”“保留份”的国家，如果被继承人有配偶、子女、父母等近亲属存在时，遗嘱人能用遗嘱方式处分的财产仅是其财产的1/2或1/3。超越法律规定的遗嘱处分没有法律效力。如果被继承人违反这条规定，损害了特留份权利人的利益，德国规定特留份权利人有权请求继承人补足特留份，法国则规定遗嘱处分超过有权处分部分者无效。

2. 英美法系国家遗嘱自由之限制

再看英美法系国家。在英国，20世纪以后，遗嘱自由已趋于完备，遗嘱人不必像大陆法系国家那样受“特留份”或“保留份”的限制。但在苏格兰，女儿的应继份仍然得到保留，生存的配偶仍然可以得到“寡妇应继份”或主张“生存者的权利”。在

① ［印度］阿马蒂亚·森：《以自由看待发展》，任赜、于真译，中国人民大学出版社2002年版，第24页。

新西兰，1900 年通过一项法律，授权法院在遗嘱人不照顾他的配偶或生活困难的子女的情况下，可以下令从遗产中支付一定数量的抚养费。这是保障家庭成员不因遗嘱自由而被剥夺继承权的一项新的立法。此后，澳大利亚、加拿大和英国也通过了类似的家庭成员的抚养法条例。可见，当遗嘱自由主义发展到了顶点后，就已经向着它的反面转化了。也即开始了从个人本位主义向团体本位主义转化。在英美的普通法上，有寡妇产和鳏夫产制度。对于寡妇产和鳏夫产，配偶一方不仅不得以遗嘱处分，甚至在生前非经对方同意也不得处分。最近几十年来，英国和美国对遗嘱自由有了更为严格的限制。根据英国 1938 年家庭供养条例和 1952 年修正该条例的无遗嘱继承条例，法院可以违反遗嘱人的意愿，甚至可以不顾遗嘱继承的一般法规，根据申请人的要求，判决从遗产收益甚至遗产本金中，支付抚养费给予生存的配偶、未婚女儿、未成年儿子以及因身体或精神上的疾病，不能养活自己的子女。在 1958 年的婚姻诉讼（财产和抚养）条例中，此项原则被扩展到被继承人生前已离婚的配偶。可见，英国继承法在本世纪内已经从绝对的遗嘱自由原则转变为相对的遗嘱自由原则。[①] 美国 1969 年通过的《统一继承法典》，赋予生存配偶应继份选择权，这种选择权是不可剥夺的，除非生存配偶自动放弃。《统一继承法典》还规定生存配偶和未成年子女享有宅院特留份和家庭特留份，这些都是统一继承法典对遗嘱自由的限制。

（三）我国继承法对遗嘱自由的限制

我国继承法赋予遗嘱人有订立遗嘱的自由，允许公民可以以遗嘱的方式处理自己的遗产，可以变更法定继承人的继承顺序和应继份额，甚至还可以取消法定继承人的继承权，将遗产赠与法

---

① 蒋月等译：《英国婚姻家庭制定法选集》，法律出版社 2008 年版，第 165 页。

定继承人以外的公民。但在我国，遗嘱自由也是要受到一定限制的。

1. 我国继承法对遗嘱自由的限制

我国继承法对遗嘱自由的限制表现在：

(1) 遗嘱的内容不得违反法律和社会道德准则。即遗嘱必须为缺乏劳动能力又无生活来源的继承人和胎儿保留必要的继承份额。

(2) 赋予继承人以外的依靠被继承人抚养的无劳动能力又无生活来源的人以遗产酌给请求权，使之可以不顾被继承人的遗嘱处分，从遗产中获得一定的财产给付。

(3) 遗嘱人不得在法定继承人以外指定继承人。遗嘱人不得在法定继承人以外指定继承人。

2. 我国继承法遗嘱自由限制之评析

我国继承法赋予遗嘱人处分自己身后财产的充分自由。从限制的方式看，更接近于英美法系国家的规定，即不是规定统一的特留份比例，而是根据需要灵活处理，但对于得享受照顾的条件，却比英美法系国家规定得更加严格。

(1) 我国继承法对遗嘱自由的限制体现了我国特色。与世界上一些主要国家立法一致的是，遗嘱自由要受法律的约束、不得违背社会道德准则。而为我国立法所特有的是，我国继承法规定，实行遗嘱自由，不得剥夺法定继承人中需要赡养的老人和无独立生活能力又无独立生活来源的未成年子女以及丧失劳动能力又无生活来源的病残者的必要的遗产份额。《继承法》第19条规定："遗嘱应当对缺乏劳动能力又没有生活来源的继承人保留必要的遗产份额。"《继承法意见》第37条规定："遗嘱人未保留缺乏劳动能力又没有生活来源的继承人的遗产份额，遗产处理时，应当为该继承人留下必要的遗产，所剩余的部分，才可参照遗嘱确定的分配原则处理。继承人是否缺乏劳动能力又没有生活来源，应按遗嘱生效时该继承人的具体情况确定。”上述规定属于强制性规定遗嘱取消缺乏劳动能力又没有生活来源的继承人的继承权的，不能有效。遗嘱人未保留缺乏劳动能力又没有生活来源的继承人的遗产份额，处理遗产时，应当为该继承人留下必要的遗产，所剩余的部分，才能参照遗嘱确定的分配原则处理。上述规定的立法宗旨是保护缺乏劳动能力又没有生活来源的继承人的权益，以求法律的公正和社会财富分配的公平，并防止遗嘱人通过立遗嘱的方式将应当由家庭承担的义务推向社会，其积极作用是毋庸置疑的。[①]

（2）过于原则化的规定使得在司法实践中无法操作或在处理案件中违背立法原意。主要体现在：

第一，保留必要的遗产份额（以下称“必遗份”），《继承法》没有界定“必遗份”所占遗产份额，赋予法官自由裁量权过大，司法实践中难以做到执法的统一。这是其一。其二，在给予缺乏劳动能力又没有生活来源的继承人“必遗份”的特殊保护的同时，其他继承人的合法权益如何保护，《继承法》立法上没有规定，不能说不是个缺陷。

第二，在全部遗产中，“必遗份”应当占有多少份额没有界定，《继承法》赋予遗嘱人生前对其私有财产处分的权利，更能体现法律充分保护和尊重遗嘱人对自己私有财产的处分权利，更有利于保护私有财产所有权。但从另一个角度看，“必遗份”的这种无序状态，一方面使遗嘱人对“必遗份”留出多少才符合法律规定的必要遗产份额将无法适从。另一方面遗嘱人对“必遗

---

① 程维荣：《中国继承制度史》，中国出版集团、东方出版中心 2006 年版，第 230 页。

份”留出的多寡也往往使继承人之间产生纠纷，不利于家庭成员的和睦、团结。

第三，我国继承法中规定的“必遗份”，对遗嘱自由虽也能起到一定的限制作用，但享有“必遗份”的法定继承人的范围过于狭小，这样，遗嘱人通过遗嘱处分财产的权利受到的限制也就过少。遗嘱人只要给法定继承人（往往是第一顺序继承人）中没有劳动能力又没有生活来源的人保留了必要的份额，则死者生前可对其余的财产作出遗嘱处分。这种遗嘱处分完全可能超出遗产的半数。如果死者没有缺乏劳动能力又没有生活来源的法定继承人时，则可遗嘱处分自己的全部财产，而无视自己的配偶、子女、父母。这便相当于对遗嘱自由毫无限制。

（四）“必留份”制度的完善

可以说，我国是当今世界上对遗嘱自由限制最少的国家之一。反过来说，继承法给予被继承人的遗嘱自由是最多的。究其原因，除民族习惯外，可能与私人财产数量少，以及提倡人人应当自食其力的指导思想有关。大陆的遗嘱自由原则已经不符合世界继承法发展的趋势，亟待完善。因为，绝对的遗嘱自由不符合当今世界各国继承立法的总趋势。大多数国家的继承立法都对遗嘱自由设置了限制性条款，最为显著的例子便是赋予法定继承人以“特留份”“保留份”“应继份”等。即使是曾经主张遗嘱绝对自由的英美法系国家，也开始对遗嘱自由采取一定的限制性措施。这些限制性的条款使法定继承人中死者的近亲属能够获得应继份的1/2或1/3，甚至更多。目前，世界上在保障死者近亲属继承人的利益和限制遗嘱自由方面的继承立法还有方兴未艾之势。在这一方面，我国（不含港澳台地区）与世界各国继承立法的这种总趋势相比，显得不够协调。我国社会主义的继承立法，应当考虑对遗嘱自由补充切实可行的限制性的法律条款。笔者认为，对于“必遗份”的相关条文应作如下修正完善。

1. 借鉴外国民法典“特留份”的法律制度

“特留份”是指法律规定的遗嘱人不得以遗嘱取消的由特定的法定继承人继承的遗产份额。《法国民法典》第 913 条规定：如财产处分人仅留有一子（女），其以生前赠与或遗嘱赠与之方式处分财产不得超过其所有财产的一半；如果其留有子（女）二人，其有权以此方式处分的财产不得超过其所有财产的 1/3；如果留有子女三人或三人以上，其可处分的财产不得超过本人所有财产的 1/4。除第 915 条所指情况外，计算子女人数时，不分婚生子女与非婚生子女。第 914 条规定：如死者无子女，但在父系或母系两系中均有一名或数名直系尊亲属，其以生前赠与或遗嘱赠与之方式处分财产不得超过其所有财产的一半；如处分人仅在一亲系中留有直系尊血亲，其可予处分的财产不得超过其所有财产的 3/4。《德国民法典》第 2303 条规定：如果被继承人的一个晚辈直系血亲被死因处分排除于继承顺序之外，则他可以向继承人要求特留份额，特留份额为法定继承价值的半数。被继承人的父母和配偶被死因处分排除于继承顺序之外，同样享有上述权利。《意大利民法典》[①] 第 536 条规定：“特留份继承人是那些由法律规定为他们的利益保留一部分遗产或者其他权利的人。他们是：配偶婚生子女、私生子女以及直 系尊亲属。”第 537 条规定：“如果父亲或母亲只留一个子女，或婚生或私生，则该子女可以获得遗产的半数，本法第 542 条规定的情况除外。在留有数名子女的情况下，他们可以获得遗产的三分之二，并且按照相同的份额平均分配给全体婚生子女和私生子女。”大陆法系的德国、法国和日本等国均有类似的规定。以“特留份”的形式对遗嘱自由加

---

① 陈国柱：《意大利民法典》，中国人民大学出版社 2010 年版。

以限制，已成大多数国家民事立法的通例。我国《继承法》虽然以“必须保留的份额”的形式对遗嘱人的遗嘱自由加以限制，但由于前述原因，遗嘱人的遗嘱极易造成继承人之间的财富分配上的不公平或遗嘱人以遗嘱的方式逃避本该应由其财产承担的对未成年人、配偶抚养义务，从而增加社会的负担。因此，《继承法》修正时可借鉴外国民法典“特留份”的法律制度。

2. 将继承法中的“必遗份”的范围扩大到死者的第一顺序的法定继承人的范围内

即按世界上大多数国家继承法的做法，使死者的配偶、父母、子女均享有“必遗份”，而不问其是否有劳动能力、是否有生活来源。且此种“必遗份”是死者生前不能用遗嘱予以取消的。

3. 二是为“必遗份”设定一个固定的标准

一般是法定应继份的3/4或2/3。对于缺乏劳动能力又无生活来源的法定继承人的“必遗份”可以相当于法定应继份或略高于法定应继份。

4. 对《继承法》“必遗份”的规定进行修正

将《继承法》“必遗份”的规定修正为：“遗嘱应当对缺乏劳动能力又没有生活来源的第二顺序继承人保留必要的遗产份额。”将“必遗份”的范围修正为第二顺序继承人，主要是使遗嘱继承法律制度与法定继承法律制度加以协调。另外，第一顺序继承人已经有上述“特留份”给予保护，因此也没有必要再给予“必遗份”。

5. 规定遗嘱人采用赠与方式规避“特留份”“必遗份”的行为无效

我国《民法总则》规定，“以合法形式掩盖非法目的的”民事行为无效。对此，应借鉴外国民事立法限制遗嘱人在一定期限的赠与行为。如《日本民法典》第1030条规定："赠与，以于继承开始前一年间所进行者为限，以前条规定算入其价额。但是，当事人双方知有害于特留份权利人而进行的赠与，虽系一年前所进行者，亦同。"《瑞士民法典》第475条规定："死者生前所作的赠与作为扣除的部分，应算在遗产份额之内。"大陆法系国家民法典均大致作了上述规定。

二、遗嘱继承的有效条件

"义务之负担，不必尽由义务人之意思，法律之任务，亦未必尽在保护个人之权利。为使社会共同生活之增进，法律即强使负担特定之义务，限制或剥夺其某种权利。是之谓社会本位之法制。"[①] 遗嘱人处分自己身后财产的法律行为，对相关当事人的利益有重要的影响，因此，法律对遗嘱继承的有效条件设计了相应要求。

（一）遗嘱人在立遗嘱时必须具有遗嘱能力

遗嘱能力是指公民依法享有的，通过设立遗嘱自由处分自己财产的资格。我国《继承法》中没有明确规定公民的遗嘱能力，但该法第22条第1款规定："无行为能力人或者限制行为能力人所立的遗嘱无效。"这就是说，只有完全行为能力人才具有遗嘱能力，无行为能力人和限制行为能力人没有遗嘱能力，所立遗嘱无效。

《民法通则》第11条规定："十八周岁以上的公民是成年人，具有完全民事行为能力，可以独立进行民事活动，是完全民事行为能力人。十六周岁以上不满十八周岁的公民，以自己

① 梁慧星：《民法总论》，法律出版社1998年版，第37页。

的劳动收入为主要生活来源的，视为完全民事行为能力人。”因此，在一般情况下，成年人和16周岁以上的，以自己的劳动收入为主要生活来源的未成年人，可以设立遗嘱处分自己的财产。

遗嘱人是否具有遗嘱能力，只能以立遗嘱时的情况为标准来确定。遗嘱人立遗嘱时有行为能力而以后又丧失其行为能力的，不影响其遗嘱的效力；立遗嘱时无行为能力，即使以后取得或恢复了行为能力，原来所立的遗嘱仍然无效。

（二）遗嘱必须是遗嘱人的真实意思表示

遗嘱必须是遗嘱人的真实意思表示。原因在于：

第一，设立遗嘱的行为是与特定身份相联系的单方法律行为，遗嘱只与某个个人的人身相联系并完全取决于其本人的意愿，不能由他人代理。

第二，只有真实的意思表示才能代表人的意愿，才有利于保护遗嘱人自由处分其财产的合法权益，同时也有利于保护继承人的合法继承权。

遗嘱是否为遗嘱人的真实意思表示，原则上应以遗嘱人在最后的遗嘱中所做出的意思表示为准。

（三）遗嘱的内容必须合法

正像历史上存在过的任何一种制度都有其存在的客观必然性一样，遗嘱继承制度也既有其积极的一面，同时也有其消极的一面。在强调私权自治、私权神圣的时代，赋予遗嘱人遗嘱自由的权利无疑是充分地尊重了遗嘱人的自由意志，但是如果对遗嘱人的遗嘱自由丝毫不加限制，遗嘱人往往会根据自己的好恶、偏爱或由于一时的感情冲动而滥用遗嘱自由的权利。因此，法律必须对遗嘱继承设定一定的限制，使遗嘱人在法律允许的范围内更好地行使遗嘱自由的权利。

遗嘱内容必须合法表现在以下三个方面：

第一，遗嘱只能处分遗嘱人自己的财产。遗嘱人不能处分属于他人、集体或国家所有的财产。

第二，遗嘱应当对缺乏劳动能力又没有生活来源的继承人保留必要的遗产份额。如果遗嘱人未保留必要的遗产份额，遗产处理时，应当为该继承人留下必要的遗产，剩余部分才可参照遗嘱确定的分配原则处理。

第三，遗嘱的内容不得违反法律、社会公德和公共利益。

（四）遗嘱的形式必须符合法律规定

遗嘱的形式是指遗嘱人表述处分自己财产意愿的方式。由于执行遗嘱时遗嘱人已经死亡，遗嘱的真伪无法直接查证。

三、公证遗嘱[①]

作为遗嘱的形式之一，公证遗嘱逐渐被越来越多的民众采取作为其对自身合法财产及相关事务进行安排的选择，但当公证遗嘱与其他形式遗嘱内容发生不符或者抵触时，其效力如何，学界仁智各见。

（一）公证遗嘱优先效力的比较法考察

一般来说，不同形式遗嘱之间的法律效力高低大多是通过遗嘱的撤回和变更制度体现的，大陆法系、英美法系国家或地区在具体制度设计中，也是采取的此种方式。

1. 大陆法系国家和地区关于公证遗嘱效力优先性之立法例介绍

多数大陆法系国家或地区在立法上坚持的是公证遗嘱不具有

① 遗嘱是要式法律行为，应严格按照法律规定来操作，只有这样才能更好地维护立遗嘱人及遗嘱继承人的利益，同时最大限度地减少因遗嘱而产生的纠纷。实践中，关于遗嘱的形式争议最大的两个问题是：第一，公证遗嘱的存废问题；第二，打印遗嘱的效力问题。本书着重就前述问题进行探讨。

效力上的优先性原则。

（1）德国。《德国民法典》相关法条规定，遗嘱人享有遗嘱撤销权，在其订立遗嘱后有权依照其自由意思表示而随时撤回、变更先前所立遗嘱内容或者个别遗嘱处分内容的部分或者全部，但上述遗嘱撤销权的行使必须依照法律规定的程序进行方产生相应的法律效力。因此，在德国，遗嘱的撤销主要有三种方式，其一是通过订立新的遗嘱的方式进行；其二是通过遗嘱人出于撤销该遗嘱的意图而将遗嘱证书销毁的行为作出；其三是通过以通常手段明示对先前所立遗嘱内容进行变更内容的涂改。根据《德国民法典》的规定，遗嘱人对先前所立遗嘱的书面证书进行销毁或者采取前述规定的方式进行涂改均推定遗嘱人具有撤销该遗嘱的意愿。同时，对于遗嘱人所立的紧急遗嘱，若应由官方机构保管的紧急遗嘱之书面证书被退还至遗嘱人的，亦视为对该紧急遗嘱的撤销。在此种情形下，退还机构应当如实告知遗嘱人退还该证书的法律后果并在该证书上予以签注，在注明该情况后归档，当然遗嘱人可以随时要求保管机构退还该证书。

（2）法国。《法国民法典》第 1003 条至第 1047 条对遗嘱的撤销、变更制度的主要内容进行了规定，其内容主要有：第一，遗嘱人可以依其自由意思通过订立新的遗嘱或者在公证人面前作成载明改变其遗嘱意愿的声明的文书等方式对先前设立的遗嘱内容的部分或者全部进行变更或者撤回。同时，遗嘱人必须在新遗嘱中明确取消原遗嘱内容的部分或全部，若遗嘱人在重新订立的遗嘱中并未明确取消以前所订立的遗嘱，但前后遗嘱的内容存在部分或者全部不符、抵触的，则前一遗嘱中与新遗嘱内容不相符合或相抵触的条款无效。第二，遗嘱人对遗赠物的一部分或全部进行任何让与行为的，则该出让部分视为对原遗嘱的撤销，而不论其是否采取的是约定买回或交换的形式进行。第三，遗嘱人订立遗嘱后，受益人先于遗嘱人死亡的，则属于该受益人部分的遗嘱处分失去其法律效力。第四，遗嘱人订立遗赠后，若遗赠物在遗嘱人生前便毁损灭失的，则该遗赠归于无效。

（3）日本。《日本民法典》第1022条、第1023条规定，遗嘱人可以依遗嘱的方式，随时撤回、变更其所立遗嘱的全部或者部分内容。如果遗嘱人未以后遗嘱来明示撤回前遗嘱内容的部分或者全部，而是订立与前遗嘱内容不同的新遗嘱，造成前后遗嘱内容不符或者相抵触的，则对于相抵触的部分，可认定遗嘱人以后遗嘱撤回前遗嘱该部分的内容。同时，若遗嘱人订立遗嘱后的生前处分行为或者其他法律行为与所订立的遗嘱内容相抵触的，亦适用前述认定规则，即视为对与遗嘱内容抵触部分的撤回，如遗嘱人故意毁损遗嘱的书面文件的法律行为视为对该遗嘱的撤回。

（4）我国台湾地区。根据我国台湾地区“民法”的规定，主要存在两种遗嘱撤回的方式，一是明示撤回，二是法定撤回。其中，明示撤回是指遗嘱人通过直接、明文的意思表示撤回先前所订立的遗嘱，属于要式行为；而法定撤回则是指根据法律的规定，由于特定事实的存在使得遗嘱发生撤回的法律效果，而不问遗嘱人的意思如何。台湾地区“民法”第1219条规定，“遗嘱人得随时依遗嘱之方式，撤回遗嘱之全部或一部”。[①] 因此，遗嘱人可以通过任一符合法定方式的遗嘱形式对先前所订立的遗嘱的部分或全部进行撤回，而不要求所采取的遗嘱形式与先前所订立遗嘱的方式相同。因此，即便先前所订立的遗嘱是公证遗嘱，遗嘱人仍然可以通过新订立其他形式的遗嘱的方式，如代笔遗嘱、密

① 陈苇、宋豫主编：《中国大陆与港、澳、台继承法比较研究》，群众出版社2007年版，第349页。

封遗嘱等对该公证遗嘱进行撤回。其中，该明示撤回的新遗嘱必须明确表示对先前所订立遗嘱进行撤回，且该新遗嘱的作成亦应当符合法定的方式，否则该撤回并不发生法律效力。台湾地区“民法”第1220条到第1222条则规定了遗嘱的法定撤回。其中，第1220条规定，不论遗嘱人是否有撤回的意思，只要存在内容相抵触的前后两个遗嘱，相抵触部分当然产生后遗嘱撤回前遗嘱内容的法律效力；第1221条则规定，若遗嘱人在订立遗嘱后所为法律行为与所立遗嘱的内容存在抵触时，该抵触部分视为撤回；第1222条亦规定，遗嘱人在订立遗嘱后，其所为的故意破毁或涂销遗嘱以及在遗嘱上载明废弃的意思表示等行为均视为对前遗嘱内容的撤回。

2. 英美法系国家和地区关于公证遗嘱效力优先性之立法例介绍

多数英美法系国家或者地区在对待数份不同形式遗嘱之间法律效力位阶问题上，坚持以后遗嘱效力优先原则作为判断数份不同形式遗嘱的法律效力位阶的标准，公证遗嘱与其他形式遗嘱一样处于同一法律效力位阶，并不具有法律效力上的优先性。

（1）美国。美国继承法规定遗嘱人在订立遗嘱之后可以随时依其自由意思撤销、变更先前所立的遗嘱内容的部分或者全部，而遗嘱撤销、变更的方法和理由则由美国各州的法律加以规定。[①] 一般来说，对遗嘱的撤销、变更的方式主要包括两种：第一，通过订立新的遗嘱方式明示撤销、变更前面所作成的遗嘱。根据美国《统一遗嘱检验法》及其他相关法律的规定，遗嘱人所订立遗嘱的内容显然可以被新的遗嘱意思表示明示变更或者撤销。一般来说，接受专业律师服务后的遗嘱人会在其新订立遗嘱中增加包

① 徐靖注译：《最新路易斯安那民法典》，法律出版社2007年版，第237页。

含撤销先前所立遗嘱、遗嘱附录内容的明示条款以达到撤销、变更前面作成遗嘱内容的目的，即便先前所订立的遗嘱为公证遗嘱形式亦可以采取此种明示撤销、变更的方式进行。当然，遗嘱人亦可以采取订立仅包含撤销、变更先前所立遗嘱内容的条款的新遗嘱达到前遗嘱内容撤销、变更的目的，但获得了专业法律服务建议的遗嘱人一般采取订立新遗嘱的方式取代前遗嘱，而不采取订立仅包含一条撤销、变更内容条款的遗嘱的方式。第二，所订立前后遗嘱内容不符或者相抵触的，该不符或者相抵触的部分视作被撤销、变更。除上文所述的明示撤销的方式，美国继承法亦规定了被称为“暗示撤销”的方式，即遗嘱人订立遗嘱后，其并未在新订立的遗嘱中明确表示撤销、变更先前所订立遗嘱的某条款内容时，而该前后所订立遗嘱的内容发生内容不符或者相抵触的，前遗嘱内容与后遗嘱内容不符或相抵触部分视作被撤销、变更。一般来说，该遗嘱人未在新订立遗嘱文本中包含明示撤销、变更之前所立遗嘱内容之条款的情形多发生在缺乏专业法律服务指导的情形下。

（2）英国。英国遗嘱法对遗嘱人所享有的遗嘱自由权利的保障相对比较全面，在其立法中，遗嘱人在订立遗嘱后享有依其自由意愿而对先前所立遗嘱内容的部分或者全部进行变更、撤销的权利，即便该遗嘱被标注为不可撤销遗嘱。根据英国 1837 年《遗嘱法》规定，遗嘱人享有明示撤销、推定撤销、销毁性撤销、缔结婚姻四种法定变更、撤销遗嘱内容的方式，且遗嘱人行使的遗嘱撤销权必须采取法定的方式进行，而采取法定方式之外方法的，均不发生相应的法律效力。具体来说：第一，明示撤销。根据《遗嘱法》第 20 条之规定，遗嘱人在订立遗嘱后可以订立新的遗嘱，可以在新遗嘱中明确表示对先前所立遗嘱内容进行变更、撤销，即可达到撤销、变更前遗嘱内容的法律效力。第二，推定撤销。若遗嘱人订立了时间先后不同的数份遗嘱，但并未在任一遗嘱文书中明确表示对先前所立遗嘱或者附录内容的部分或者全部进行变更、撤销，且该数份遗嘱的内容并不一致或者相冲突抵触的，法院在裁判案件时则可以在结合外在证据的基础上对遗嘱本身进行判断以确定后遗嘱对前遗嘱产生变更、撤销的法律效力，即后遗嘱效力优先原则。第三，销毁性撤销。遗嘱人对之前所立遗嘱的内容进行撤销可以采取销毁的方式进行，而这种销毁行为必须符合两个必要条件，即具备撤销遗嘱的意图和实施相应的销毁行为，方可达到撤销、变更先前所立遗嘱内容的法律效果。根据《遗嘱法》第 2 条之规定，所实施的遗嘱销毁行为必须是采用火烧、撕毁或者其他相类似的行为方式，如使用小刀将遗嘱的关键句子割掉，只要该行为方式能够达到与“火烧”相当程度的法律效果即可。第四，婚姻缔结导致遗嘱撤销。其规定结婚导致前遗嘱发生撤销、变更的法律效力的出发点在于保障遗嘱人遗孀的合法权益，以防止遗嘱人忘记及时修改其在婚前所订立的遗嘱的情形发生。故《遗嘱法》第 18 条规定，“遗嘱人的婚姻可以撤销其婚前所订立的遗嘱”。

（3）我国香港地区。《香港遗嘱条例》第 13 条对遗嘱撤销的方式进行了详细规定，其中共规定了四种法定的遗嘱撤销方式。第一，根据《香港遗嘱条例》第 14 条的规定因婚姻的缔结而发生遗嘱撤销的法律效果；第二，通过新订立的有效遗嘱而对先前所订立遗嘱的内容进行撤销、变更；第三，遗嘱人依其自由意愿签署有效的遗嘱撤销书而对前遗嘱内容进行变更、撤销；第四，由遗嘱人或者其他行为人在遗嘱人面前依照遗嘱人的指示，采取烧毁、撕毁或者达到相当程度效果的其他毁灭形式而对前遗嘱内容进行变更、撤销。当然，对于遗嘱人的遗嘱意志应当以当时的具体情形加以判断，而以情况有变为由对遗嘱人的意思表示进行任何的推定均不发生相应的法律效力。因此，在香港地区，所谓“公证遗嘱”与其他形式遗嘱具有同等位阶的法律效力，并不存在只能以公证的方式撤销、变更先前所订立公证遗嘱内容的规定。遗嘱人可以通过采取任一符合法定的遗嘱形式作成新的遗嘱对先前所订立遗嘱的内容的部分或者全部进行撤销、变更。

从域外国家或地区对公证遗嘱优先效力的立法例进行分析可知，坚持公证遗嘱与其他形式遗嘱之间具有同等法律效力的立法态度是目前国内外的立法趋势。① 首先，无论是大陆法系国家、地区，还是英美法系国家、地区，多数采取了公证遗嘱相较于其他形式遗嘱不具有效力优先性的立法模式。其次，大陆法系的遗嘱制度主要脱胎于罗马法，从继承法及遗嘱制度的起源来看，作为罗马法集大成者的《德国民法典》和《法国民法典》相对具有完美的逻辑性，其在立法中均未确立公证遗嘱的优先效力。最后，与我国（不含港澳台地区）继承习惯、现实国情更具相似性的日本等国家和地区亦坚持对公证遗嘱不具有优先效力作出了规定。由此，从吸收借鉴的角度看，法治建设相对发达的国家和地区均认为规定公证遗嘱效力优先性的遗嘱制度已不合时宜，而赋予公证遗嘱同其他形式遗嘱具有同等法律效力的做法才是符合国内外法律制度设计的做法。

（二）我国法律关于公证遗嘱优先效力的立法状况及评析

1. 我国继承法关于公证遗嘱优先效力的规定

我国继承法主要从遗嘱继承及公证的角度对公证遗嘱相关制度进行了规定，主要法律、法规及规范性法律文件包括《继承法》《继承法意见》《公证遗嘱细则》《公证法》及《公证程序规

① 梁分：《遗嘱内容相抵触诸问题探讨——以两起遗嘱继承纠纷为例》，载《法律适用》2010 年第 6 期。

则》。而通过对上述法律、法规及规范性法律文件的分析可知，我国在对待公证遗嘱是否应当具有效力优先性的问题上采取的是肯定的态度，即公证遗嘱相较于其他形式遗嘱而具有优先效力。具体来说：

(1) 从遗嘱继承的角度对公证遗嘱的相关内容进行规定。根据我国《继承法》第 17 条的规定①，我国继承法主要存在口头遗嘱、自书遗嘱、代书遗嘱、录音遗嘱以及公证遗嘱五种遗嘱形式，该法条对除公证遗嘱以外的其他四种遗嘱形式的定义及形式要件进行了详细规定，但并未对公证遗嘱的形式要件进行任何规定；我国《继承法》第 20 条规定，② 遗嘱人享有对所立遗嘱之内容进行变更、撤销的自由权利，而在认定数份不同形式遗嘱间法律效力层级问题上主要采取后遗嘱效力优先原则以及公证遗嘱效力优先原则加以判断。遗嘱人可通过订立新的遗嘱之方式对先前所立遗嘱内容的部分或者全部进行撤销、变更。若遗嘱人订立了数份内容不同、相抵触的遗嘱，从尊重遗嘱人自由意愿的角度看，则应当以最接近遗嘱人死亡时间的生效遗嘱为效力优先，若存在公证遗嘱的，则以最后生效的公证遗嘱效力为优先，其他形式遗嘱如自书、代书、口头等遗嘱均不能撤销、变更先前所订立的公证遗嘱，公证遗嘱内容的撤销、变更仅能通过新订立公证遗嘱的形式进行。

相较于《继承法》的规定，《继承法意见》第 42 条则更具体

---

① 《继承法》第 17 条规定："公证遗嘱由遗嘱人经公证机关办理。自书遗嘱由遗嘱人亲笔书写，签名，注明年、月、日。代书遗嘱应当有两个以上见证人在场见证，由其中一人代书，注明年、月、日，并由代书人、其他见证人和遗嘱人签名……"

② 《继承法》第 20 条规定："遗嘱人可以撤销、变更自己所立的遗嘱。立有数份遗嘱，内容相抵触的，以最后的遗嘱为准。自书、代书、录音、口头遗嘱，不得撤销、变更公证遗嘱。"

地规定了公证遗嘱的效力最高性,[①] 即确定最后生效的公证遗嘱之效力高于最后订立的其他形式遗嘱，而不考虑该遗嘱是否最接近遗嘱人死亡时的真实意思表示。该条规定，若遗嘱人订立遗嘱后，又订立了数份时间先后不同的遗嘱而导致数份各形式遗嘱间内容不符或者相冲突时，一般以最接近遗嘱人死亡时遗嘱意愿的后遗嘱为效力优先；若其中存在公证遗嘱的，则以最后生效的公证遗嘱为最高效力。

依据《公证遗嘱细则》第 22 条之规定,[②] 公证遗嘱具有除公证外的不可撤销性，即遗嘱人在订立遗嘱后，若其在公证遗嘱生效前未依照法定公证程序而申请撤销、变更先前所立公证遗嘱之内容，则该先前所订立的公证遗嘱仍为有效，无法发生该公证遗嘱内容被撤销、变更的法律效果。

（2）从公证的角度对公证遗嘱的相关内容进行规定。我国《公证法》第 11 条主要对公证机关办理的公证业务的相关事项进行了规定。[③] 根据其规定，公证机关可以根据自然人的申请，对遗嘱相关内容依法进行公证。而《公证法》第 36 条则规定,[④] 人民法院在审理遗嘱继承案件时，对于经过公证的公证遗嘱可以直接作为审理案件、认定相关事实的根据，除非存在相反证据足以推翻该公证事实；而《公证程序规则》则是从公证程序的角度对所有公证包括公证遗嘱的效力及程序化规定进行了明确规定，并

---

① 《继承法意见》第 42 条规定：“遗嘱人以不同形式立有数份内容相抵触的遗嘱，其中有公证遗嘱的，以最后所立公证遗嘱为准；没有公证遗嘱的，以最后所立的遗嘱为准。”

② 《公证遗嘱细则》第 22 条规定：“公证遗嘱生效前，非经遗嘱人申请并履行公证程序，不得撤销或者变更公证遗嘱。遗嘱人申请撤销或者变更公证遗嘱的程序适用本规定。”

③ 《公证法》第 11 条规定：“根据自然人、法人或者其他组织的申请，公证机构办理下列公证事项……”

④ 《公证法》第 36 条规定：“经公证的民事法律行为、有法律意义的事实和文书，应当作为认定事实的根据，但有相反证据足以推翻该项公证的除外。”

未对遗嘱进行公证的相关内容进行具体的规定。

2. 我国继承法关于公证遗嘱优先效力规定之评析

综合来看，我国继承法关于公证遗嘱内容的法律规定主要存在两个特点：第一，对公证遗嘱的相关法律规定较少，仅有《继承法》及《继承法意见》的若干条文的部分条款对公证遗嘱的定义及其撤回、变更制度进行了简略规定，且存在“将公证遗嘱的程序等对其效力具有影响的内容交由公证法进行规定，有过于偏重司法制度之嫌”①；第二，我国继承法相关立法普遍早于公证立法20余年，而继承法的相关法律规定包括公证遗嘱制度均是依照当时的社会经济发展水平及现实状况进行的规定，由此便导致了继承法相关法律规定相对比较陈旧、与现实经济发展水平不适应等问题的出现。总之，我国继承法规定公证遗嘱较其他形式遗嘱而具有优先效力的做法存在缺陷，具体来说：

（1）公证遗嘱效力优先与遗嘱的立法目的存在冲突。从立法目的的角度分析，法律承认和认可遗嘱继承的目的在于充分尊重被继承人的意思自治，使被继承人的个人合法财产及相关事务按照其意愿实现向特定对象的转移或安排，从而实现宪法和法律对公民个人财产的充分尊重和保护。② 因此，遗嘱人真实的意思表示便成为判断一份遗嘱法律效力的核心要素，但是若认可公证遗嘱相较于其他形式遗嘱具有效力优先性则意味着遗嘱人订立公证遗嘱后，意欲对先前所订立的公证遗嘱的内容进行变更或撤销时必须采取严格的法定程序，不经过法定的公证程序则不发生上述

① 魏小军：《遗嘱有效要件研究——以比较法学为主要视角》，中国法制出版社2010年版，第360页。

② 高雪蕾：《对公证遗嘱的思考》，载《法制与社会》2011年第21期。

公证遗嘱内容的变更、撤销的法律后果。① 同时，实践中，在遗嘱人订立公证遗嘱后至其死亡的时间跨度内，遗嘱人的意思表示及现实状况可能发生变化，若承认公证遗嘱具有优先效力显然会在时间和空间上对遗嘱人自由变更、撤销其先前意思表示产生不小的阻碍，甚至可能导致最后生效的公证遗嘱所体现的意思表示并非遗嘱人最后、自由、真实的意愿的情形，该遗嘱继承自然不能达到遗嘱人订立遗嘱而自由安排其个人合法财产及相关事务的目的，从尊重遗嘱人遗嘱意愿的角度看，实不宜在继承法中规定公证遗嘱与其他形式遗嘱相比具有优先效力。

（2）公证遗嘱效力优先违背了遗嘱自由原则。作为近代民事法律制度的重要原则，私法自治原则在民事法律关系的处理中发挥着十分重要的作用，而私法自治原则在继承法领域的体现便是遗嘱自由原则，可见在遗嘱继承的过程中，保障遗嘱人的遗嘱自由尤为重要。② 同时，世界多数国家和地区均对此原则采取了肯定态度。“遗嘱自由原则”就是指遗嘱人依法所享有的，对其个人合法财产及相关事务通过遗嘱的方式进行处分的权利，这种自由的权利体现了当事人意思自治的价值理念。③ 我国《继承法》第 16 条④亦对遗嘱自由原则作出了肯定，在我国继承法领域，遗嘱人在订立遗嘱时享有订立遗嘱以及遗嘱形式选择的自由之权利的同时，亦享有遗嘱订立后对所订立遗嘱的内容之部分或全部进行变更、撤销的自由。若承认公证遗嘱相较于其他形式遗嘱具有

---

① 郭明瑞、房绍坤、关涛：《继承法研究》，中国人民大学出版社 2003 年版，第 189 页。

② 李宏：《遗嘱继承的法理研究》，中国法制出版社 2010 年版，第 178 页。

③ 杨成良：《公证遗嘱效力优先性质疑》，载《西安电子科技大学学报》2012 年第 6 期。

④ 《继承法》第 16 条规定：“公民可以依照本法规定立遗嘱处分个人财产，并可以指定遗嘱执行人……”

效力优先性则在相当程度上剥夺了遗嘱人的遗嘱自由权利。[①] 因此，遗嘱人所订立的遗嘱，只要符合相应的法定要件均应得到法律的认可，公证遗嘱与其他形式遗嘱均是遗嘱人自由意思表示的体现，应当处于同一法律效力位阶，受到继承法律的平等保护。

（3）公证遗嘱效力优先是对遗嘱人遗嘱撤销权行使的限制。遗嘱撤销权就是指遗嘱人在遗嘱订立后至其死亡期间享有的依其意愿而对所立遗嘱内容之部分或全部进行变更、撤销的自由权利。有学者认为，法律对于遗嘱予以效力者，系尊重死者的意思，在可能范围内应以接近于遗嘱人死亡时为准。[②] 而事实上，遗嘱人随着时间的推移及心境的变化等情形可能对所立遗嘱内容产生不同的认识，难免发生遗嘱人意欲变更或撤回相关遗嘱内容的情形。为避免烦琐的公证程序对当事人遗嘱撤销权的行使产生限制，应当赋予遗嘱人享有自由变更、撤销先前所立遗嘱内容的权利，以保障遗嘱人真实遗嘱意愿的实现。遗嘱的存在是使得个人的合法财产及相关事务能够按照遗嘱人生前所表示的意愿进行安排、进行。因此，无论是公证遗嘱还是其他形式的遗嘱，只要该遗嘱体现了遗嘱人真实、自由的遗嘱意愿，均应得到法律的认可而赋予其同等的法律效力，不应当规定公证遗嘱具有效力的优先性而排除其他形式遗嘱的法律效力，否则将对遗嘱人自由行使遗嘱撤销权产生阻碍，亦不利于遗嘱人自由遗嘱意愿的表达。[③]

（4）公证遗嘱效力优先不符合我国民众继承习惯。“现代民法的价值取向已经转变为更加注重实质正义的实现及具体案件判

---

① 陈法：《论我国公证遗嘱的效力位阶》，载《现代法学》2010 年第 5 期。

② 史尚宽：《继承法论》，中国政法大学出版社 2000 年版，第 471 页。

③ 房绍坤、范李英、张洪波编著：《婚姻家庭与继承法》，中国人民大学出版社 2007 年版，第 215 页。

决的社会妥当性。[①]”《继承法》规定遗嘱继承的目的在于保障遗嘱人的真实意思表示，而公证遗嘱在本质上属于形式正义的追求，如何能真正体现遗嘱人的意愿呢？应当认为，只要包含遗嘱人真实、最终的意思表示之遗嘱即为有效，各遗嘱之间具有平等法律效力。根据陈苇教授《当代中国民众继承习惯调查实证研究》一书可知，随着被继承人财产结构的日益复杂化以及个人财产意识的不断增强，普通民众对遗嘱形式的选择亦变得多样起来，遗嘱使用频率亦有所增加。同时，普通民众在选择遗嘱形式问题上更加倾向于选择体现遗嘱人本身意思的遗嘱形式，例如被调查普通民众选择使用口头遗嘱的比例在北京、重庆、武汉、山东四地分别为 24.6%、35.7%、41.1%、64.8%；而选择自书遗嘱的比例在北京、重庆、武汉、山东四地分别为 19.4%、19.8%、42.4%、23.3%；对于公证遗嘱这一遗嘱继承形式，被调查民众选择使用的比例在北京、重庆、武汉、山东四地分别为 19.4%、14.6%、17.0%、13.2%。[②]从上述调查结果所体现的民众继承习惯来看，对于遗嘱形式的选择，大部分被调查民众（占 80% 以上）倾向于选择口头遗嘱、自书遗嘱作为主要遗嘱形式，仅有少部分民众（占 20% 以下）选择公证遗嘱形式。由此可知，我国多数民众在订立遗嘱的过程中更加注重自身遗嘱意思的真实、自由表达，程序上的保障仅是保障遗嘱能够按照遗嘱人意愿进行执行的手段之一。多数被调查民众认为只要遗嘱体现了遗嘱人真实的意思表示即可，没有必要再进行严格的公证程序，况且公证程序的繁复、时间耗费较长以及公证费用的增加等问题都使得多数普通民众不会选择公证遗嘱作为

---

① 严存生：《西方法律思想史》，法律出版社 2004 年版，第 459 页。

② 陈苇（课题负责人）：《当代中国民众继承习惯调查实证研究》，群众出版社 2008 年版，第 58—72 页。

继承方式对自己的个人财产及相关事务进行安排。事实上，我国继承法所规定的现有继承方式并没有得到充分的利用，对于大多数普通民众，现有法律规定的遗嘱继承形式已能够基本满足民众订立遗嘱的需求。[①] 因此，规定公证遗嘱效力优先的做法与我国民众继承习惯是相违背的，从保障遗嘱人的遗嘱自由角度亦应当予以修改。

（三）完善我国关于公证遗嘱优先效力的立法建议

1. 顺应继承法发展趋势，强调遗嘱自由原则在《继承法》修改过程中的价值导向作用

从遗嘱的概念可知，遗嘱在性质上属于遗嘱人死亡时生效的单方民事行为，依照遗嘱人生前的自由意志处分其合法财产及相关事务是遗嘱的核心。同时，尊重遗嘱人自由意愿的自由原则亦是遗嘱继承此种继承方式存在的重要依据。被继承人设立遗嘱的目的在于希望以自己的意愿对自己的财产及其他事务进行安排，以预防遗产继承纠纷或其他相关事务纠纷的发生。因此，尊重遗嘱人的自由意愿、维护正常的遗嘱继承秩序亦是继承法的目的之一。[②] 同时，遗嘱自由原则一方面赋予遗嘱人遗嘱设立的自由，其可以依自由意愿采取订立遗嘱的方式对自己的合法财产进行安排，他人无权对此进行干涉；另一方面遗嘱人应当享有撤回、变更先前所设立的遗嘱的权利。因此，我们应当顺应继承法的发展趋势，把尊重遗嘱自由原则作为《继承法》修改过程中的重要价值导向，在《继承法》修改中严格对遗嘱人的遗嘱自由进行保障，确定公证遗嘱与其他合法形式的遗嘱具有同等的法律效力，

---

① 房绍坤：《遗嘱形式完善三题》，载《苏州大学学报（法学版）》2014 年第 4 期。

② 河流：《论遗嘱自由之限制》，载《河北法学》2000 年第 2 期。

公证遗嘱仅具有证据上的证明优先性。因此，在具体立法过程中，对于相关法律条文的设计应当始终贯彻遗嘱自由原则的精神，最大限度地保障遗嘱人所享有的遗嘱撤销权，强调遗嘱自由原则在继承法修改过程中的价值导向作用。①

2. 转换立法理念，保障继承立法与民众继承习惯及实践相适应

继承法在法定继承方式外另行设定遗嘱继承的方式，究其原因在于保障遗嘱人遗嘱自由权利的实现，使得相关财产及事务能依照遗嘱人自由意愿进行安排。因此，继承立法的侧重点应当在于保障遗嘱人相关权利的实现，应当体现遗嘱人本位理念在继承立法中的重要作用，不能以所谓社会公共利益为由对遗嘱人享有的合法权利进行过多限制。同时，作为与普通民众财产、人身产生重大关系的继承法律，其立法理应反映我国现实继承实践及民众对继承的需求，更重要的在于符合普通民众的继承习惯。应当认为，只有继承立法体现对遗嘱人合法权利进行保障，并保持立法与民众继承习惯及实践相适应，再加上科学合理的法条设计，才能称得上是科学、合理的继承立法过程。②

3. 细化现有法律规定，明确公证遗嘱的实质要件和形式要件

经过上述的分析，无论是从借鉴国外的继承法领域立法趋势角度来看，还是从我国民间继承习惯的现实来说，规定公证遗嘱具有凌驾于其他形式遗嘱的优先效力并不能达到遗嘱人订立遗嘱以减少继承纠纷的目的。而从程序法角度来看，公证遗嘱因其经过公证机构的公证程序而具有证据上的优先性，由此比其他形式

① 宗静：《公证遗嘱的法律效力探究》，复旦大学2011年硕士学位论文。

② 杜江涌：《家事法与家事习惯——晋中地区家事习惯调查报告》，华中科技大学出版社2017年版，第120页。

遗嘱更具有公信力。[①] 同时，为避免由于规定的不完善而对公证遗嘱的相关要素产生分歧，有必要在立法中结合公证遗嘱的实质要件和形式要件相统一的立法形式。[②] 当然，对于公证遗嘱的形式要件，域外相关立法例都进行了详细规定，近年来我国民法学者在民法典草案或者建议稿中均采取大篇幅对公证遗嘱的形式要件进行了详细规划，可见对该形式要件加以完善具有其合理性。首先，应当确定所采取的立法模式。从保障公证遗嘱的权威性角度看，可以借鉴日本的立法模式，即采取单独的法条对公证遗嘱具体办理步骤进行规定。其次，应当规定遗嘱人设立公证遗嘱的具体设立形式要求，以及该公证遗嘱在程序法上具有的证据优先性。最后，明确公证遗嘱与其他形式遗嘱间的法律关系，即可以规定不满足法定形式要件的公证遗嘱不具有法律效力，若该遗嘱满足其他形式遗嘱的形式要件的，则可以依该遗嘱产生相应的法律效力。

4. 完善遗嘱的撤回和变更制度，赋予公证遗嘱与其他形式的遗嘱同等的法律地位

相对于法定继承，法律规定遗嘱继承的出发点在于充分尊重遗嘱人的遗嘱自由，使得遗嘱人的合法财产能够依其意志在其死亡后转移至其指定的被继承人所有，此亦是法律对公民合法财产所有权进行保护的重要体现。因此，从这个角度来看，是否体现遗嘱人的自由意愿便成为判断一份遗嘱是否生效的重要参考依据。同时，规定公证遗嘱具有效力优先性对遗嘱人遗嘱自由权的保障及遗嘱目的之实现等会产生较大困难。所以，在认定遗嘱是

---

① 魏小军：《遗嘱有效要件研究——以比较法学为主要视角》，中国法制出版社2010年版，第199页。

② 魏小军：《我国四法域遗嘱方式立法比较研究》，载《政法学刊》2007年第1期。

否具有法律效力时，应当从两方面进行分析。一方面，遗嘱性质上属于法律行为自然应当符合一般法律行为的生效要件，即符合主体适格、意思表示真实自由、内容合法等要求；另一方面，则需要重点考察该所立遗嘱的内容体现的是不是最接近遗嘱人死亡时的意志。遗嘱人真实、最后的意志是判断遗嘱是否应当具有法律效力的关键。① 因此，与其他合法形式遗嘱相比，公证遗嘱仅是设立程序上更为严格，在体现遗嘱人真实、最后的遗嘱意思表示上并无二致，故应当在确认遗嘱形式符合法定有效条件的基础上赋予它们同等的法律地位，这样才有利于保护遗嘱人的遗嘱自由权，亦能保障继承人的合法继承权。② 具体来说，应当通过科学、合理的条文设计来实现后遗嘱效力优先的目的，可以通过规定后订立的任一合法形式的遗嘱均能对先前所订立之遗嘱内容的部分或者全部进行变更、撤回。

四、打印遗嘱

（一）打印遗嘱的概念界定

何谓打印遗嘱，观点不一而足。有学者认为打印遗嘱，是指“行为人操作电脑等电子设备记载遗嘱内容并由打印机输出而形成一份打印件，遗嘱人在该打印件上亲笔签名并记载日期的一种遗嘱”。③ 有学者认为，打印遗嘱的概念是“将遗嘱内容用电脑排版、打印机输出而形成的遗嘱”④ 或是“指由行为人操作计算机记载遗嘱内容并储存，由打印机输出而形成打印件，遗嘱人在该

---

① 杨立新、朱呈义：《继承法专论》，高等教育出版社2006年版，第138页。

② 刘秀清、张梅：《浅议公证遗嘱》，载《法制与社会》2014年第25期。

③ 梁分、刘文革：《打印遗嘱效力研究》，载《人民司法》2010年第11期。

④ 刘耀东：《继承法修改中的疑难问题研究》，法律出版社2014年版，第160页。

打印件上签名并记载日期的一种遗嘱”[1]。也有学者将其定义为“遗嘱人本人或者委托他人通过电脑将遗嘱的内容记录下来，并通过打印机将电子版本转换成书面形式，然后，当事人在该通过打印而形成的遗嘱上签字，并标明具体日期所形成的一种遗嘱”。

不难看出，学者们虽然对打印遗嘱的概念界定存在各种观点，但是学者们的这些观点存在一些相同之处，具体而言，主要有：一是打印遗嘱的内容都是先通过电脑编辑，然后由打印机输出为一份书面文档；二是打印遗嘱上的签名需要由遗嘱人亲笔书写。学者对其概念界定之不同点主要在于打印遗嘱的制作或是形成的过程。具体而言，打印遗嘱在形成过程上的区别主要体现在：其一，如果遗嘱人本人懂得如何操作电脑等电子设备，亲自录入遗嘱内容然后将其打印为书面文件，最后在遗嘱上签名同时注明日期；其二，如果遗嘱人不会使用电脑等电子设备，先将遗嘱内容亲笔书写完成，再由他人将遗嘱人亲笔书写的遗嘱内容输入进电脑并打印，最终由遗嘱人与代为录入遗嘱内容的人在遗嘱上签名并注明日期；其三，由遗嘱人将遗嘱内容进行口述，并由他人将遗嘱内容录进电脑再打印，最后由遗嘱人与代为制作打印遗嘱之人在遗嘱上签名并注明日期。

1. 与自书遗嘱形式的区别

所谓自书遗嘱，是指“由遗嘱人亲笔书写而成的遗嘱”[2]，它与打印遗嘱存在以下两个方面的区别：

（1）书写工具。我国《继承法》第 17 条第 2 款对自书遗嘱进行了规定：“自书遗嘱由立遗嘱人亲笔书写，签名，注明年、月、日。”从这款法条中，我们可以看到，遗嘱人在订立自书遗

---

① 陈协心：《遗嘱公正打印形式的法律问题》，载《中国公证》2011 年第 9 期。

② 曹诗权：《婚姻家庭继承法学》，中国法制出版社 2002 年版，第 436 页。

嘱时应当用“亲笔书写”的方法。但是从文义解释的角度看，打印遗嘱并非由遗嘱人用笔书写而成，而是将遗嘱内容输入电脑中，并由打印机输出而成。因此，打印遗嘱与自书遗嘱在书写工具上有所不同，即遗嘱内容是用笔书写还是用电脑编辑。

（2）鉴定难度。遗嘱是一种附条件的单方法律行为，性质较为特殊，因为它是在遗嘱人死亡后才产生法律效力。遗嘱生效后，通常涉及各方继承人或是与遗嘱内容相关之人的利益，所以，我们应当以一种谨慎的态度来对待遗嘱继承。如此，遗嘱继承首先应当认定所涉遗嘱是否有效。《继承法》之所以要求遗嘱人设立自书遗嘱时要“亲笔书写”，是因为每个人在写字时所留下的笔迹是不同的。在辨别遗嘱真伪时，可以对遗嘱人在遗嘱上所留的笔迹进行鉴定，判断该遗嘱是不是遗嘱人的内心真意的体现，来对遗嘱的真实性进行保障。

但如果遗嘱是通过打印而形成，那么根据打印件文字的规范性、标准性等特征，打印文件上的字体无法进行笔迹鉴定，打印遗嘱的真实性问题也难以解决。并且，仅依赖遗嘱人在打印遗嘱上所留的亲笔签名是无法判定遗嘱的整体内容是否出自遗嘱人之手。也就是说，从对鉴定遗嘱真实性的难度来分析，打印遗嘱的难度显然会高于自书遗嘱。

2. 与代书遗嘱形式的区别

所谓代书遗嘱，是指“遗嘱人口述遗嘱内容，由他人代为书写而制作的遗嘱，有时也被称为代笔遗嘱”。[①] 它与打印遗嘱的区别主要集中于以下两个方面：

（1）书写工具。从代书遗嘱的定义可知，如果要完成一份代书遗嘱，从书写工具的角度讲，遗嘱内容的完成与自书遗嘱一样

---

① 曹诗权：《婚姻家庭继承法学》，中国法制出版社2002年版，第438页。

都是用笔书写，而打印遗嘱的内容是通过电脑编辑。因此，打印遗嘱与代书遗嘱在书写工具上的区别也与打印遗嘱与自书遗嘱是一样的，即遗嘱内容是用笔书写还是通过电脑录入。

（2）见证人要求。从《继承法》第 17 条第 3 款对代书遗嘱的规定来看，代书遗嘱需要有两名及以上见证人对遗嘱的形成过程进行见证，并且需要见证人、代书人与遗嘱人在遗嘱上共同签名。而打印遗嘱的形成过程可能没有见证人参与，也有可能见证人没有在打印遗嘱上亲笔签名。也就是说，代书遗嘱有见证人数量的要求，但打印遗嘱的制作不一定有见证人存在。

（二）打印遗嘱的法律性质

对于打印遗嘱究竟应是一种怎样的遗嘱形式的争论，主要集中于以下四种学说观点。

1. 自书遗嘱说

有学者认为，遗嘱人亲自使用电脑录入处分个人合法财产的意思表示并打印出来的遗嘱，如果遗嘱人在遗嘱上亲自签名的，那么就可以将此份遗嘱作为自书遗嘱[①]；也有学者认为，书写工具的不同并不影响遗嘱的成立，用笔墨书写还是用电脑打印，只要遗嘱内容是立遗嘱人真实的意思表示那就可以使用打印的方式制作遗嘱，但遗嘱人必须亲笔签名。[②]《继承法》也对此提出了遗嘱人在订立自书遗嘱时需亲笔书写的要求，但并未对“书写”的内涵及外延进行规制。但随着时代的不断发展，语言的含义也应当与时俱进，对于“书写”二字也可进行扩大解释，除了用笔写字之义外，“打印”也应纳入“书写”的范畴中。换言之，将打

---

① 郭明瑞：《论遗嘱形式瑕疵对遗嘱效力的影响》，载《求是》2013 年第 2 期。

② 陈苇主编：《外国继承法比较与中国民法典继承编制定研究》，北京大学出版社 2011 年版，第 351 页。

印遗嘱这一新形式归于自书遗嘱范围内，既能使遗嘱美观整洁，也能顺应电脑日益普及的特点。

2. 代书遗嘱说

部分学者的观点是：打印遗嘱事实上可以看作一份代书遗嘱，但各位学者的理由并不一致。有部分学者认为，虽然在日常的工作与生活中，民众已越来越习惯使用电脑等电子科技产品，但我们应承认，在现实生活中仍然有许多人对电脑并不了解，更无法利用电脑作为一种书写工具来编辑遗嘱内容。对于此种现象，如果由遗嘱人对遗嘱内容进行口述，然后委托他人将口述的内容代为录入电脑，那么这便与遗嘱人订立代书遗嘱是委托他人代笔完成的情形是没有太大区别的。因此通过这样的方式而形成的打印遗嘱就应纳入代书遗嘱的范围[①]。但另外一部分学者认为，电脑事实上仍是一种高科技设备，遗嘱内容是用笔来书写，还是通过电脑来进行编辑录入仍有很大区别。因此，打印遗嘱无论是由遗嘱人自己打印还是委托他人代为打印，这都是以电脑作为书写工具而进行，这和由他人代书并无本质区别。

3. 新型遗嘱说

有学者认为，虽然打印遗嘱既不能被视为自书遗嘱，也不能被纳入代书遗嘱的范畴，但是出于对遗嘱人真实意愿的尊重，打印遗嘱也应当受法律保护，并应被视为一种新型遗嘱形式。因为，随着现代计算机技术的不断发展，大多数人已习惯将电脑作为一种书写工具，而逐渐放弃用笔书写的传统方式。针对如此现状，如果把打印遗嘱规制为一种新型遗嘱，既能够反映社会生活的进步，也能回应民众的实际需要，何况从本质上看，打印遗嘱

---

① 陈凯、李春：《新型遗嘱与〈继承法〉的完善》，载北京律师协会：《婚姻家庭法律疑难问题与典型案例》，北京大学出版社2012年版，第52页。

与自书遗嘱、代书遗嘱也有很大区别。[①]《继承法》颁布施行于1985年，迄今已有30余年，而我国却在这30多年里随着科技进步发生着翻天覆地的变化，并不断涌现着各类新事物，新的法律现象也随之应运而生，人们订立遗嘱的形式也因此而不断地在更新。"打印"这一种便捷的行为因具有传统书写所无法比拟的优势，普遍为人们所接受。但是，打印遗嘱却并没有被《继承法》纳为一种法定的遗嘱形式。综上所述，法律应根据社会的发展轨迹而发生变化，对于遗嘱形式而言，则是承认打印遗嘱为一种新型遗嘱形式，并对打印遗嘱的效力表示认可。

4. 折中说

有学者认为，在对打印遗嘱的法律性质进行探讨时，应当区分不同情形分别进行。首先，在第一种情况下，如果遗嘱人不知道如何操作电脑，而是通过口述遗嘱内容并委托他人来操作电脑代为录入遗嘱内容并打印为书面文档的方式，此时打印遗嘱的内容如果符合遗嘱人内心的真实意愿，并且遗嘱人、制作打印遗嘱的人与见证人在打印遗嘱上共同签名，那么这种情况就合乎法律对代书遗嘱的形式要求，则应当将该打印遗嘱视为代书遗嘱，并具有与代书遗嘱同等之效力。

其次，在另一种情况下，遗嘱人亲自将遗嘱内容录入电脑随后又亲自将其打印为书面文件，最后在遗嘱上亲笔签名并注明日期，通过这种方式而形成的打印遗嘱可被认定为自书遗嘱。因为遗嘱人此时可能是出于遗嘱字体清晰、美观整洁或是便于保存的目的，将自己内心处分财产的意思表示打印成文，这并不影响遗嘱人真实意愿的实现。因此，可将此类打印遗嘱视为自书遗嘱。

---

① 孙毅：《论遗嘱形式的缓和主义进路——以〈继承法〉修改的相关理念变革为中心》，载《求是学刊》2012年第4期。

相较于其他三种学说，笔者更赞同“折中说”，即打印遗嘱应当按照不同的形成过程被纳入自书遗嘱或代书遗嘱的范畴。而应当如何归类，具体来讲：

(1) 将打印遗嘱归为自书遗嘱的情形。遗嘱人亲自将遗嘱内容输入电脑中，后又亲自打印为书面文档而形成的遗嘱，可以被视为自书遗嘱，但是要进行如此认定，便存在一个问题：法律对于自书遗嘱的规定是对遗嘱人提出亲笔书写的要求，而“亲笔书写”一词很难扩大解释为“打印”。所以，从文义解释的层面上看，即使是遗嘱人未假手他人，而是由其亲自完成打印遗嘱，也不能将其视为自书遗嘱。但是，前文已述，立法者在制定《继承法》时，打印遗嘱几乎不存在。因此，立法者在限定自书遗嘱时并未考虑到此种情况。与此同时，自书遗嘱的认定核心是要求遗嘱人“亲自”完成遗嘱的制作过程。所以，如果打印遗嘱是通过遗嘱人亲自打印而完成，那便能够将其看作一份自书遗嘱，当然，对遗嘱人亲笔书写而成的自书遗嘱进行笔迹鉴定，从而判断该遗嘱是否为遗嘱人亲自完成是较为容易的，但遗嘱人亲自打印的遗嘱也可以证明“亲自性”，这仅仅是一个举证责任与证明标准的问题。从另一角度看，无论是用笔还是用电脑来完成遗嘱内容，都仅仅是书写工具的不同，遗嘱人的意思表示是否真实才是遗嘱能否生效的本质条件。也就是说，遗嘱的内容如果确实反映出了遗嘱人的内心真意，书写工具虽然不同，但如果遗嘱人亲自编辑遗嘱内容并存储于电脑中，后又亲自打印为一份书面形式的遗嘱，同时遗嘱人订立打印遗嘱的全程并未假手于人，那么在这种情况下所形成的打印遗嘱便可以被归为自书遗嘱。

(2) 将打印遗嘱归为代书遗嘱的情形。遗嘱人请他人代为制作的打印遗嘱能够被看作一份代书遗嘱。例如，遗嘱人不知道使用电脑的方法，从而拜托第三人将遗嘱内容编辑于电脑中，之后用打印机打印为书面形式的遗嘱，并邀请了一到两名及以上与遗嘱内容不存在利害关系的人来见证打印遗嘱制作的全过程，并由遗嘱人、代为制作打印遗嘱之人与见证人一同在打印遗嘱上签字。于是，以上述方式所完成的打印遗嘱便能够被视为一份代书遗嘱。根据法律规定的代书遗嘱所应具有的构成要件，接受遗嘱人委托并代为制作打印遗嘱之人便等同于代书遗嘱中的代书人。

（三）打印遗嘱的效力认定

根据《民法总则》的相关规定，民事法律行为若要产生法律效力，需具备以下三项生效要件：第一，行为人在实施民事法律行为时，需具备相应的民事行为能力；第二，行为人的意思表示真实；第三，民事法律行为的内容须符合公序良俗，并且不得违反法律、行政法规的强制性规定。遗嘱亦是一种民事法律行为，若要在遗嘱人死亡后生效，首先应当符合上述三项生效要件。但是遗嘱行为也属于要式法律行为之一，即遗嘱行为须符合一些特殊的形式要求才能产生法律效力，《继承法》也因此对遗嘱的形式要件进行了规制。很明显，打印遗嘱也属于一种遗嘱行为，所以它若要产生法律效力，也应当具备一定的生效要件。

1. 实质要件

打印遗嘱生效所需的实质要件主要包括行为主体、遗嘱内容和意思表示三个层面。

首先，从行为主体层面分析。针对于一般的民事法律行为，行为人应具有一定的民事行为能力。针对遗嘱行为，不仅需要遗嘱人具有完全民事行为能力，遗嘱自由也是一项不可或缺的因素。所谓遗嘱自由，应主要包括两个方面：其一，遗嘱能力自由，除了遗嘱人需要有完全民事行为能力以外，遗嘱人在订立打印遗嘱时还应当具备相应的语言或文字表达能力，并且应处于神志清醒的状态；其二，遗嘱行动自由，这也就是指遗嘱人在订立打印遗嘱时，任何人都不得对其行为进行干扰。

其次，从遗嘱的内容层面进行分析。遗嘱人订立打印遗嘱时，遗嘱的内容应符合法律规定、公序良俗原则且不得违反行政法规中的强制性规定。

最后，何谓意思表示，这是指行为人将自己的内心意思以某种方式进行表示，并希望产生某种法律效果的行为。意思表示真实也是民事法律行为生效要件中的核心部分，民事法律行为如要产生法律效力，行为人的意思表示不能有任何瑕疵存在。所以，当遗嘱人在订立打印遗嘱时，必须保证其意思表示真实，打印遗嘱才可生效。众所周知，遗嘱继承起源于罗马法，因为相对于法定继承而言，遗嘱可以更好地体现被继承人的真实意愿，因而备受青睐。同时，遗嘱作为一种单方民事法律行为，当事人可以自行决定而无须经过他人同意，打印遗嘱行为亦是如此。遗嘱人在订立打印遗嘱时在意思表示方面可能会遇到如下两个问题：

其一，打印遗嘱有被第三人篡改的可能。比如说在遗嘱人已经亲自打印一份遗嘱后，第三人若欲篡改遗嘱中的某些内容可直接进入遗嘱人的电脑进行修改，并自行制作出新的遗嘱，并且对遗嘱人平日的签名风格进行模仿，这样既对遗嘱内容进行了修改，也不会被他人发现篡改的笔迹。

其二，打印遗嘱也容易为第三人所伪造。打印遗嘱是遗嘱人将遗嘱内容首先表示在电脑中，然后再以打印的方式将其输出为书面文稿。即使打印遗嘱的内容能反映遗嘱人的真实意思表示，也无法反映遗嘱人的书写痕迹。民众的书写笔迹通常由于每个人书写风格的不同而大相径庭，如果要进行伪造，存在很大困难。但是打印遗嘱通篇皆为标准化的打印字体，只有签名乃遗嘱人亲笔书写，零星字迹极易被模仿。因此，打印遗嘱很难依据字迹来断定遗嘱真伪。

综上所述，如何保证打印遗嘱人的意思表示真实，从而来确保该打印遗嘱的真实性？对于此问题，我们可以在司法实务中加以解决，对具体的打印遗嘱案件可以从举证责任与证明标准两个方面来着手。例如，如何分配双方当事人的举证责任，证明标准应达到何种程度。针对具体案件，当事人又可以提供哪些证据来保证打印遗嘱确实是遗嘱人内心真意的反映？该问题将在本书的第五部分进行探讨。

2. 形式要件

前文已述，打印遗嘱属于一种要式法律行为。从《民法总则》第135条[①]的规定可知，一份打印遗嘱如果想产生遗嘱人所希望的法律效果，则必须具备一定的形式要件。而对于打印遗嘱的形式要件应当如何规制，学界及司法实务界主要有以下两种倾向：

（1）打印遗嘱的形式要件应遵循绝对严格的要式主义。史尚宽教授在《继承法论》中阐述："遗嘱非依法定方式为之不生效力。如不具备法定形式，则虽临终召集亲友为口头遗嘱，仍不能发生效力。但遗嘱是否依据法定形式，应依遗嘱当时定之。遗嘱执行之际，是否与法定形式相符，则非所问。故已作成之遗嘱，如具备法定形式，则虽因事变或第三人恶意，以致毁损灭失，亦非当然丧失效力，不过此时若要主张其有合式遗嘱的存在，则应当承担举证责任。"[②]

我们可以从这段表述中得知，《继承法》中的大多数为强行性规范而非任意性规范。比如继承人的范围及顺序是不能够进行

---

① 《民法总则》第135条规定："民事法律行为可以采用书面形式、口头形式或者其他形式；法律、行政法规规定或者当事人约定采用特定形式的，应当采用特定形式。"

② 史尚宽：《继承法论》，中国政法大学出版社2000年版，第286页。

任意变更的。而使《继承法》成为一部强行法的原因是继承这一民事法律行为不仅牵扯到各方继承人相互之间的利益，而且对社会的稳定也会有深远的影响。所以，《继承法》对遗嘱形式要件的规定也属于强行性规范，仍坚持遗嘱形式要件之严格主义，而不允许擅自对其进行改变。由此可见，遗嘱是一种形式上较为特殊的法律文件，对遗嘱人如何对遗产进行分配的问题牵扯到了各方继承人的个人利益。同时，遗嘱在被继承人死后方能生效，而遗嘱在生效之前，第三人若要篡改原有的遗嘱内容或是伪造一份新遗嘱是较为容易的。因此，严格要求遗嘱的形式要件可以更好地确保遗嘱人的内心真意得到实现，对于继承人的继承权也能进行保障。因为在法定继承中，法律可以对各方继承人的个人利益进行平等的保护，但是遗嘱继承则打破了这种平等性。因此，应当对遗嘱的形式要件进行严格规制，来保障遗嘱人的真实意愿得以实现，从而使继承人的利益在遗嘱继承中也能得到保护。

（2）对打印遗嘱之形式要件的要求应相对放宽。出于保障遗嘱人的真实意愿得到实现的目的，从遗嘱制度诞生开始，诸国法律对遗嘱形式要件的规制便一直是遵循严格要式主义的传统。可如果对遗嘱形式要件进行过分苛求，那么在对遗嘱的效力进行认定时便会产生许多负面影响，如将形式上略有瑕疵、内容上确实符合遗嘱人内心真意的遗嘱一律认定为无效，这便反而与遗嘱人的内心真意背道而驰，也是对遗嘱自由原则的违背。近年来，西方国家逐渐青睐于遗嘱形式缓和原则，也对遗嘱形式要件豁免制度表示了承认，并开始对遗嘱形式要件的严格要求进行了放宽。而何谓“遗嘱形式缓和原则”，这是指为了使遗嘱人处分财产的真实意愿得以实现，对形式上存在瑕疵的遗嘱，如果当事人提交证据证明该遗嘱确实符合遗嘱人的内心真意，则不应当再过分追求遗嘱形式要件的严格性，而需承认其效力。

在我国的司法实务中，也逐渐开始探索遗嘱形式缓和的可能性。审判人员在审理一些形式上并不严格符合《继承法》规定的遗嘱比如打印遗嘱，如果有证据证明该遗嘱真实反映了遗嘱人的内心真意，便不再严格遵循遗嘱形式要件的强制性原则，而是对于遗嘱人的内心真意予以重视，肯定形式上存在瑕疵的遗嘱之效力。

（3）对上述两种倾向的评析。首先，就严格的遗嘱形式要件要求而言，其本身具有重要意义。立法者之所以对严格的遗嘱形式要件进行规定在于保障遗嘱的真实性，在发生遗嘱继承纠纷时，遗嘱的外在形式是判断遗嘱真实性的重要工具，可以作为判断遗嘱人内心真意的证据；并且遗嘱的形式要件可以为民众订立遗嘱提供便利，从而引导民众规范地订立遗嘱，尽可能减少遗嘱纠纷的发生。

但是，私法自治是一项极为重要的民法上的原则，该原则在《继承法》中的体现便是遗嘱自由原则。因此，相对于遗嘱的外在形式要求，我们应将重点放在遗嘱人的真实意愿是否得到实现上。因为《继承法》之所以规定遗嘱继承制度，本就是为了尊重民众的真实意思表示。这也就是说，缓和遗嘱形式是确有必要的。

可是就打印遗嘱而言，其本身就存在遗嘱内容被篡改、伪造的风险。如要确保打印遗嘱的内容确实能反映出遗嘱人的内心真意，我们就应维护遗嘱的严格要式性。但凡事过犹不及，严格地坚守遗嘱的要式性原则本无可厚非，但却不能与遗嘱人真实意愿出现相对立的情况。因此，在审理具体案件时，应当衡量遗嘱真实性与遗嘱人的意思自治，然后以严格的遗嘱形式要件要求为前提，对一些有证据证明真实性的遗嘱之效力予以认定。

如前所述，打印遗嘱可以依照不同的形成过程把它看成自书遗嘱或代书遗嘱。具体来讲，打印遗嘱的形式要件应包括以下两个方面。

其一，见证人要求。见证人须有两名及以上无利害关系的完全民事行为能力人并且需要见证打印遗嘱制作的全程。首先，对于遗嘱内容是由他人代为完成的情形（将打印遗嘱归为代书遗嘱的范畴时），提出该要求是不言而喻的。所以这主要是针对遗嘱人订立打印遗嘱全是由自己完成而不为他人所知晓的情形（将打印遗嘱归为自书遗嘱的范畴时），在这种情况下，仅凭遗嘱人在遗嘱上的签名是无法确认遗嘱真实性的。

其二，签字确认要求。无论将打印遗嘱归为自书遗嘱还是代书遗嘱，见证人、代书人及遗嘱人都需在打印遗嘱上的每一页（如果该遗嘱是多页打印）上亲笔注明“遗嘱制作过程我已全程见证”“以上遗嘱内容是由我代为编辑”“以上内容符合我的意思表示”等能够确保打印遗嘱真实性的文字表示。

3. 打印遗嘱之无效情形

根据打印遗嘱的生效要件，我们可以推断出打印遗嘱在哪些情况下是无效的。具体而言可归为以下几种情形。

（1）从打印遗嘱生效的实质要件来看。首先，如果行为主体（包括遗嘱人、见证人和代书人）在订立打印遗嘱时不具备完全民事行为能力或者不具备遗嘱自由的任何一个方面，那么该打印遗嘱无效。其次，如果打印遗嘱的内容违背了公序良俗原则、违反了法律及行政法规的强制性规定，那么该打印遗嘱无效。最后，如果打印遗嘱上的内容并不符合遗嘱人的真实意思表示，则不能肯定该遗嘱的效力。

（2）从打印遗嘱生效的形式要件看。如果一份打印遗嘱的完成存在没有见证人、遗嘱人或者代书人在遗嘱上签字的情况，抑或是存在见证人的数量、与遗嘱人的关系不符合上文所述的打印遗嘱形式要件的要求的情形，那么该打印遗嘱无效。

五、《民法典》遗嘱继承制度评析

（一）《民法典》关于遗嘱继承制度的规定

第 1133 条规定："自然人可以依照本法规定立遗嘱处分个人财产，并可以指定遗嘱执行人。

自然人可以立遗嘱将个人财产指定由法定继承人中的一人或者数人继承。

自然人可以立遗嘱将个人财产赠与国家、集体或者法定继承人以外的组织、个人。

自然人可以依法设立遗嘱信托。"

第 1134 条规定："自书遗嘱由遗嘱人亲笔书写，签名，注明年、月、日。"

第 1135 条规定："代书遗嘱应当有两个以上见证人在场见证，由其中一人代书，并由遗嘱人、代书人和其他见证人签名，注明年、月、日。"

第 1136 条规定："打印遗嘱应当有两个以上见证人在场见证。遗嘱人和见证人应当在遗嘱每一页签名，注明年、月、日。"

第 1137 条规定："以录音录像形式立的遗嘱，应当有两个以上见证人在场见证。遗嘱人和见证人应当在录音录像中记录其姓名或者肖像，以及年、月、日。"

第 1138 条规定："遗嘱人在危急情况下，可以立口头遗嘱。口头遗嘱应当有两个以上见证人在场见证。危急情况消除后，遗嘱人能够以书面或者录音录像形式立遗嘱的，所立的口头遗嘱无效。"

第 1139 条规定："公证遗嘱由遗嘱人经公证机构办理。"

第 1140 条规定："下列人员不能作为遗嘱见证人：

（一）无民事行为能力人、限制民事行为能力人以及其他不具有见证能力的人；

（二）继承人、受遗赠人；

（三）与继承人、受遗赠人有利害关系的人。”

第 1141 条规定：“遗嘱应当为缺乏劳动能力又没有生活来源的继承人保留必要的遗产份额。”

第 1142 条规定：“遗嘱人可以撤回、变更自己所立的遗嘱。

立遗嘱后，遗嘱人实施与遗嘱内容相反的民事法律行为的，视为对遗嘱相关内容的撤回。

立有数份遗嘱，内容相抵触的，以最后的遗嘱为准。”

第 1143 条规定：“无民事行为能力人或者限制民事行为能力人所立的遗嘱无效。

遗嘱必须表示遗嘱人的真实意思，受欺诈、胁迫所立的遗嘱无效。

伪造的遗嘱无效。

遗嘱被篡改的，篡改的内容无效。”

第 1144 条规定：“遗嘱继承或者遗赠附有义务的，继承人或者受遗赠人应当履行义务。没有正当理由不履行义务的，经利害关系人或者有关组织请求，人民法院可以取消其接受附义务部分遗产的权利。”

（二）《民法典》与《继承法》关于遗嘱继承规定之不同

较之于《继承法》，《民法典》的规定有如下变化。

1. 确立了遗嘱信托

《民法典》首次将遗嘱信托写入法律，意义重大，是对现实需求的法律回应。明确规定自然人可以依法设立遗嘱信托。这是遗嘱制度的一大突破：确立了遗嘱信托的合法性。

继承法对遗嘱信托一直是空白，但在司法实务中已经有法院判决对遗嘱信托的效力予以肯定。此条新增规定为法院裁判和规范当事人的遗嘱行为提供了明确的法律依据。

遗嘱信托可以解决很多问题，可以利用遗嘱信托实现财产的多样化传承。例如，残障子女、未成年子女或者败家子女从父母处继承了财产，由于他们没有管理财产的能力，他们所继承的财产有可能遭受侵占或损失。此时父母可以通过遗嘱信托的方式，指定所信任的人或者机构担任受托人，随着子女成年或者思想成熟，逐步把财产交给子女管理。再如，在夫妻双方或一方离世的情况下，如果把财产留给在世的一方配偶，会担心配偶再婚后把财产赠给继老伴。此时可以通过遗嘱信托的方式，把财产的使用权留给老伴，在配偶去世后再将财产指定给子女继承。

2. 新增打印遗嘱和录像遗嘱

时代的发展也让遗嘱的形式多元化。《民法典》紧跟时代的发展，在现行继承法规定的公证遗嘱、代书遗嘱、自书遗嘱、口头遗嘱、录音遗嘱的基础上，新增打印遗嘱和录像遗嘱作为有效的遗嘱形式。

关于打印遗嘱。首先明确了打印遗嘱的合法性。现在随着时代的进步，许多人已经习惯了打印方式而较少采用书写方式。在实务中，越是正式的法律文书，越是要用打印的才显正规。但是 1985 年制定的《继承法》中并没有关于打印遗嘱的规定，导致实践中在打印遗嘱的认定，打印遗嘱如何制作等方面存在较大争议；其次，明确了打印遗嘱的制作方法。即“打印遗嘱应当有两个以上见证人在场见证。遗嘱人和见证人应当在遗嘱每一页签名，注明年、月、日”。

关于录像遗嘱。随着技术的发展，录音录像越来越普及。现代科技的发展为录音录像提供了法律上的生存空间，以现代技术和设备为依托，录音录像遗嘱成为订立遗嘱的一种法定形式。《民法典》将录音遗嘱和录像遗嘱规定在同一条中，明确规定了录像遗嘱的形式制作要件，即“录音录像遗嘱必须要有两个以上见证人在场见证，并且遗嘱人和见证人应当在录音录像中记录其姓名或者肖像以及年、月、日”。

3. 删除公证遗嘱效力有限的规定

一直以来，继承法都规定公证遗嘱的效力优先于其他遗嘱形式。这当然是鼓励大家通过专业机构来订立遗嘱，但也带来了很多问题：例如，如果有人想更改曾经立下的公证遗嘱内容，只有前往公证处才可以进行。这给一些年事已高、行动不便的老年人造成了不便。更有甚者，一些不孝子女在父母立了公证遗嘱之后，把父母的身份证、房产证等隐匿起来，以此达到防止父母修改遗嘱的效果。再如，有人以前立了公证遗嘱，突然要修改遗嘱，但公证遗嘱又来不及去做，他就没有办法按照自己的意愿来处分自己的财产。

因此，为切实尊重立遗嘱人的真实意愿，满足人民群众处理遗产的切实需要，《民法典》改变了原来公证遗嘱效力优先的规定，解决了前述出现的种种问题。在判定各份遗嘱之间的效力时，内容相抵触的，以最后所立的遗嘱为准。

第四章　遗产管理人制度研究

由于立法基础和指导思想之限制，继承法所确立的遗产保管人制度不能充分保障当事人之权益。对遗产的管理流于形式，很容易造成遗产被私分、转移或者隐匿，以及遗产的部分或全部因无人管理或管理不善而损坏、被盗或灭失等情况的发生。特别是在被继承人死亡后，继承人、受遗赠人、遗产债权人等与遗产有利害关系的人都不在遗产所在地时，遗产就更容易受到损害，给清偿遗产债务、分割遗产造成困难。[①] 遗产管理人制度的完善势在必行。

一、遗产管理人制度的理论考量

（一）遗产管理人之界定

遗产管理人是对死者的财产进行妥善保存和管理分配的人，[②] 适用于死者未留遗嘱，留有遗嘱但未指定遗嘱执行人，或者遗嘱执行人不能或不愿意承担责任等情形。遗产管理人与遗产保管人和遗嘱执行人既有相同之处，也有较为明显的区别。实际上，遗产管理人兼具遗嘱执行人和遗产保管人的特征，前者与后两者更

---

① 杨立新：《继承法修订入典之重点问题》，中国法制出版社 2015 年版，第 15 页。

② 杨立新、朱呈义：《继承法专论》，高等教育出版社2006 年版，第245—248 页。

像是一种包含关系，前者较后两者有更为丰富的内涵，是更加完善的制度体系。

1. 遗产管理人与遗产保管人之比较

遗产保管人是持有并保存死者遗产的人。在现实生活中，存有死者遗产的大多是死者的继承人、受遗赠人、生前好友或者死者生前所在单位、基层组织以及其他公民。与遗产管理人不同的是，遗产保管人仅需对遗产尽到合理保存的义务即可，同时并不能享有如同遗产管理人一般广泛的权利。如在有遗嘱执行人或遗产管理人的情形下，遗产保管人不得履行以下职责：未经遗产管理人的同意，不得对遗产采取必要的处分措施；不需要对死者的债权人或受遗赠人进行通知和公告；不负有直接清偿债务和支付遗赠标的物以及向继承人移交遗产的义务；不得收取遗产中的债权。

2. 遗产管理人与遗嘱执行人之比较

遗嘱执行人制度起源于近代民法。遗嘱执行人是指有权按照遗嘱人的意愿，使遗嘱内容实现的人或组织。他可以是一人，也可以是数人；无论法定继承人还是法定继承人以外的人都可以担任遗嘱执行人。由于遗嘱是在被继承人死亡后才发生效力，因此，被继承人须由他人来代为执行。但遗嘱并非任何人都能执行，而只能由特定的人执行，有权执行遗嘱的人即是遗嘱执行人，通常情况下，遗嘱执行人是被继承人在遗嘱中明确指定或者委托第三人代为指定的人。

虽然遗嘱执行人也起到了遗产管理的作用，但是两者之间也存在明显的区别：

第一，适用的范围不同。遗嘱执行人只适用于遗嘱继承的情况；而遗产管理人可以适用于法定继承、遗赠、无人继承遗产等其他所有情形。

第二，产生的方式不同。依我国《继承法》第16条[①]之规定和司法实践，遗嘱执行人的确定有以下三种情况：被继承人生前立有遗嘱并指定了遗嘱执行人；被继承人未在遗嘱中指定遗嘱执行人或指定的遗嘱执行人不能执行遗嘱的，由被继承人的法定继承人担任遗嘱执行人；若没有法定继承人或指定遗嘱执行人时，由被继承人生前所在单位或继承开始地的基层组织担任遗嘱执行人。而建立完善的遗产管理人制度后，在遗嘱继承中，《继承法》上的遗嘱执行人也是遗产管理人，在法定继承和无人继承中也可以设立遗产管理人。在法定继承中遗产管理人可以由继承人协商确定；而且在特定情形下，人民法院可以根据利害关系人的申请指定遗产管理人。

第三，遗产管理人和遗嘱执行人在担任条件方面也有不同之处。遗嘱执行人只能是完全民事行为能力人；而遗产管理人在少数情况下可不受该条件的限制，可能是限制民事行为能力人或无民事行为能力人；在仅有一个继承人而该继承人是无民事行为能力人或限制民事行为能力人的情况下，该继承人是法定的遗产管理人。若无民事行为能力人要实施遗产管理行为，应当由其法定代理人代理，而对于限制民事行为能力人来说，要实施该类行为则应得到其法定代理人的允许。[②]

（二）遗产管理人之法律地位

在遗产管理制度的构建上，必然会涉及管理人的权利、义务和法律责任的问题。由此首先要界定遗产管理人的法律地位。只有先行确定了其法律地位，才能对权利义务加以确认。关于遗产

---

① 《继承法》第16条第1款规定："公民可以依照本法规定立遗嘱处分个人财产，并可以指定遗嘱执行人。"

② 杨立新、朱呈义：《继承法专论》，高等教育出版社2006年版，第245—248页。

管理人的法律地位，学界有不同观点。大致可分为代理权说和固有权说。[①]

1. 代理权说

代理权说认为，遗产管理人的地位相当于代理人（特别是在指定了遗产执行人的情形下）。该说中也有三种不同观点：

第一种观点认为遗产管理人是遗嘱人的代理人，遗产管理人是依遗嘱人的意思来执行，受遗嘱人之托管理遗产，进行清算分配。英美法系和法国学者大多青睐于此说。事实上这种观点并不难理解，尤其是在被继承人留有遗嘱的情形下，遗产管理人在管理和分配遗产的时候，也必须遵照遗嘱人的生前遗愿，可以看作遗嘱人意志的延续。此时的遗产管理人可以被视为遗嘱人代理人，处理与遗产有关的事务。法国是此立法和学说的代表。《法国民法典》规定，指定遗产管理人只限于遗嘱人，不承认法院选任。英美两国原则上也是采用此观点。此种主张为遗产管理人执行遗嘱中有关身份方面的行为提供了根据，遗产管理人既然是遗嘱的代理人，当然可以执行遗嘱中关于继承人的废除、继承权的取消等事项。有学者认为，该说最大的不足在于这种主张与承认死者的人格无异。

第二种观点认为遗产管理人实际上是继承人的代理人。从客观事实上来看，由于遗嘱人的权利能力已因死亡而消灭，故而已不能委托代理人为法律行为，并且，民法上的代理也是以被代理人的人格存在为基本前提的；同时，由于遗嘱执行是以遗产为标的的，而与遗产相关的权利则因继承的开始跟遗嘱人划清界限而归于继承人，所以从这个角度来看，遗产管理人所实施的对遗产管理或分配等一系列的行为实际上是代理继承人进行的，是建立

① 郭明瑞、房绍坤：《继承法》，法律出版社2012年版，第57、130页。

在维护继承人的合法权益基础之上的。日本民法即采此说，我国台湾地区也采此说。但是，这种说法弊端颇多。首先，在有遗嘱的情况下，若继承人并不存在，此时的遗产管理人是谁的代理人？其次，如果继承人丧失继承权、遗嘱内容对法定继承人明显不利甚至将遗产尽数赠与时，显然背离继承人的利益，但遗产管理人必须遵照遗嘱执行，此时遗产管理人也就谈不上是继承人的代理人或是在维护着代理人的利益。

第三种观点认为继承财产为独立的特别财产，遗产管理人为此财产的代表人或代理人。此学说所指遗产为特别遗产，将遗产的地位等同于法人，属于无权利能力的财团，因此遗产管理人为遗产的代理人。从遗产管理人对遗产的处理角度来看，这个观点确实有道理。不过也有学者指出此学说的弊端：遗产管理人对遗嘱的管理内容不局限于遗产，也包括一些其他相关事项。例如，附有义务的遗嘱继承和遗赠中义务的履行，还有取消继承人的继承权、非婚生子女的认领等，此学说无法对这些问题作出合理的解释。

2. 固有权说

固有权说认为，遗嘱执行人执行遗嘱是一种固有权利，并不代表继承人或遗嘱受益人的利益。此种主张可以分为以下几种说法：

第一种是机关说。此主张的观点是，遗产管理人的主要任务在于维护遗嘱人利益，是实现遗嘱人意思的机关。既是机关，就与代理人不同，不必考虑遗嘱人是否存在。但是，这种说法无异于将遗嘱人的利益和意思非人格化，实际上也是承认遗嘱人或遗产的法人资格，更为牵强。

第二种是限制物权说。持这种主张的学者认为，遗产管理人是遗嘱人所委托的执行遗嘱的人，因而在遗产上享有限制的物权。但是，能够就他人的财产进行有效的处分的，不限于限制物权人；而且，将财产管理权视为物权是与现代法制精神不符合的。

第三种是任务说。这种观点认为，遗产管理人跟破产管理人相似，具有相对独立的法律地位，在遗嘱范围内，为了他人的利益，有独立处理他人事务的权利。此说为德国判例所采用，日本学者也有此种主张。

从法理的角度看，以上学说各有利弊。如果仅从抽象的概念出发，是不能得出满意的结论的。相比之下，固有权说中的任务说更具说服力。它认为遗产管理人具有独立的法律地位，并不特别代表继承人或被继承人的利益，而是承担着更为全面的管理职能。遗产管理人一方面要执行遗嘱人的遗嘱，另一方面要保护其他利害关系人的合法权益，甚至有时候还需要保护国家利益。

二、遗产管理人制度的比较法考察

为保障债权人利益的实现，有效避免继承人财产和死者遗产的混同，相当数量的国家都建立了遗产管理人制度。

（一）遗产管理人制度立法例之介绍

1. 法国

《法国民法典》规定，家庭法院应利害关系人或检察官的申请选任遗产管理人。

继承人必须在一定期限内依照法律规定的程序向继承开始地提交声明，同时呈交遗产清单，才可能取得有限责任继承人资格；遗产清单应当是自继承开始的三个月内完成的。如果继承人超过法定期限或提交的遗产清单的内容不真实，则会丧失有限责任继承的权利，成为需要对遗产债务承担无限责任的无条件继承人。

被继承人的债权人在任何情形下，都可以要求将继承人财产和死者的遗产分离，请求分离动产的时效为五年，而不动产主要存在于继承人手中的，请求分离财产的权利不受时效的影响。被继承人的债权人若接受继承人为债务人，则不能再请求分离遗产。继承人的债权人无权请求财产分离。共有财产的共有人，如果管理一处或数处共有财产，可以获得因管理而所得的纯收益，同时还有权按照约定的条件获得报酬，无约定时，也可以由法院判决取得报酬。

2. 德国

根据《德国民法典》的规定，被继承人的债务由继承人清偿，但继承人也能够采取以下措施：继承人知道遗产归属和指定继承的事实后，在六个星期内可以向遗产法院表示放弃继承，期限届满之后不作任何表示的视为接受；若申请遗产管理，法院一旦发布遗产管理的命令，继承人就丧失相应的权利。如果没有与产生的管理费用相适应的财产，法院可以拒绝发布遗产管理的命令；已经发布的，可以予以撤销。一旦出现这种情况，继承人应当按照强制执行的方法把遗产交付与债权人。遗产债务不能得到全部清偿的，则要立即停止遗产管理，开始遗产破产程序。继承人可以自行编制遗产清单以限制自己的责任；继承人也可以向法院提出申请，要求法院编制遗产清单，法院应当自行编制或者委托主管机关、公证人员等编制，继承人提出申请即视为已经遵守遗产清单期限。同时，继承人须告知为编制遗产清单所必需的情况。

此外，遗产债权人可以向法院申请遗产管理，如果遗产债权人认为继承人的行为或财产状况不利于债务的清偿，并且有足够理由予以证明，其可向法院提出建立遗产管理的申请，但也有限制条件，继承人接受继承已经满两年的不能提出此种要求，债权人也可以请求法院裁定编制遗产清单，从而保障自己的债权利益。经过债权人的申请，法院应当为继承人规定编制遗产清单的期限。继承人如果未能在该期限内编制遗产清单并呈交法院，则要对该债务负无限责任。如果继承人及时清理遗产制作清单，则在遗产债权人和继承人之间，视为从继承开始时，除清单上载明的以外，没有其他遗产。

在遗产无人继承的情形下，《德国民法典》规定，法院可以在没有出现继承人承认继承之前，出于必要而对遗产进行保全处分，并为将来可能出现的继承人选任遗产保护人。如果有利害关系人提出申请，应当及时选任遗产管理人。遗产管理人享有报酬请求权。

3. 日本

《日本民法典》也规定了被继承人和继承人的财产分离制度。自继承开始后的三个月内，受遗赠人或被继承人的债权人可以申请财产分离；就算期限届满，但只要被继承人和继承人的财产还没有混合，就可以向家庭法院申请进行财产分离。提出财产分离的请求后，家庭法院可以要求就遗产继承的管理作必要处分。如果选任了遗产管理人，那么由遗产管理人实施管理行为，继承人则不再享有管理遗产的权利；如果没有遗产管理人，继承人应以对自己财产同样的注意管理继承财产。

在不知是否有继承人时，利害关系人或检察官可以向家庭法院申请建立遗产管理。家庭法院审查情况属实的，应当命令管理遗产，选任遗产管理人并及时公告。此处的利害关系人是指遗产债权人或受遗赠人。

4. 瑞士

依照《瑞士民法典》的规定，通常由主管官署委托公证人或私人作遗产管理人。

如果继承人没有在继承开始后三个月内表示放弃继承，那么就需要清偿被继承人的全部债务，继承人可以向主管官署提出申请，请求制作并公示财产清单。主管官署还应催告各个继承人，以便确定他们是否愿意取得遗产。各继承人须在一个月内做出决定，如果同意继承，需要无条件地认可遗产清单，也可以提出申请，请求主管官署进行清算。一个月的期限届满之后对是否同意继承未作任何表示的视为同意财产清单并无条件继承，并因此要以清单上的遗产和个人财产对全部债务承担清偿责任。继承人在放弃继承后的三个月内，一旦为插手继承事务的行为，即丧失放弃继承和限定接受继承的权利。遗产债权人有足够理由相信其债权得不到保护，也没能获得相应的担保时，可以在继承开始后的三个月内请求官方清算。受遗赠人为了保护自己的利益，也可以申请对遗产采取保全措施。

对遗产归属进行必要的保全处分的是被继承人最后住所地的主管官署。被继承人在其住所地以外的地方死亡时，由死亡地的主管官署通知被继承人住所所在地的主管官署，并对其遗产进行必要的保全处分。此处的处分，主要指对财产清单的制作、遗产的封存、开启遗嘱及管理遗产的命令等法律规定的情况。

（二）遗产管理人制度立法例之评析

从以上国家的遗产管理人制度来看，主要表现为以下几个方面的特质。

1. 遗产管理人的选任

综观上述国家立法例，遗产管理人的选任主要有以下几种处理方法。

第一，依瑞士民法，在继承人旷缺情况下由主管官厅负责管理遗产，但主管官厅通常委托公证人或私人承担此项职责，被委托者称为遗产管理人。

第二，依德国民法，在继承人不知名或不确定时，遗产法院负有注意保全遗产的职责，并可指定遗产保佐人。如利害关系人申请，法院应当指定遗产保佐人。

第三，依日本民法，继承人有无不明时，家庭法院因利害关系人或检察官的请求，应选任遗产管理人，并应急速将管理人的选任进行公告。

2. 遗产管理人的职责

从各国的规定来看，遗产管理人主要有以下几个方面的职责：

一是编制遗产清册，列明属于遗产的各项财产（包括积极财产和消极财产）。遗产清册的编制，是防止遗产散失的重要措施，也是据以清偿遗产债务、执行遗赠及将剩余财产移交将来可能出现之继承人及国家的重要依据，是遗产管理人最主要的任务。

二是为保存遗产而对遗产进行必要的处置。例如，对到期债权的收取、为使遗产增加或免受损失而进行的投资处理、对不易保存的遗产进行变卖、未确定某项财产是否属于遗产而进行的诉讼、对尚未登记的遗产进行保全登记等保存遗产的处分行为。

三是对被继承人的债权人、受遗赠人为公告和通知。

四是清偿债务和交付遗赠。

五是向利害关系人报告遗产的情况。

由此可见，无人继承中的遗产管理人和限定继承中的遗产管理人或者遗嘱继承中的遗嘱执行人的职责相似。首先，遗产确定无人继承后，公示催告利害关系人申报债权，在公示催告期间内，遗产管理人不得向任何债权人和受遗赠人清偿债务和交付遗赠。其次，公告期满后，遗产管理人按以下原则清偿债务和交付遗赠：一是清偿债务优先于交付遗赠；二是有优先权的债权优先于普通债权；三是未到期之债权应该扣除未到期之利益，附条件或存续期间不确定的债权应先估价，按估价清偿；四是遗产不足以清偿全部债务时按比例清偿；五是如需变卖遗产清偿债务，须经选任机关批准。

三、我国遗产管理人制度之介绍与评析

（一）我国遗产管理人制度之介绍

1. 我国（不含港澳台地区）

从继承开始到继承人接受继承、分割遗产前，往往会有一个间隔期。为了保证继承关系中各方当事人的权利，法律规定了遗产的管理和保护制度。根据继承法的规定，继承开始后，存有遗产的继承人、受遗赠人是当然的遗产保管人；如果存有遗产的继承人是无行为能力人或者是限制行为能力人，则他们的法定监护人是当然的遗产保管人；如果在继承地点无继承人，或继承人是无行为能力人或者是限制行为能力人且无法定监护人，或者继承人对保管遗产的意见不一致时，应由一定的社会组织对遗产采取暂时性的保管措施。

继承法对于遗产保管人的职责，没有作具体而详细的规定，但是根据一般的继承法原理和司法实践，对保管人而言，第一，应对遗产进行清理登记，对于贵重物品，还应该采取特别的保护措施。对于遗产中的易腐、易烂、易变质的物品，保管者有权进行变价处理；对于遗产中的剧毒、易爆和其他妨碍公共安全的危险物品，也应从遗产中清理出来，并交给有专门技术或有经验的人保管。第二，对遗产进行清算。遗产保管人往往是由死者生前所在的单位或遗产所在地的基层行政组织担任。但是，存有遗产

而又不愿意继承遗产的继承人，也是当然的遗产保管人，也有继续保管其所存有的遗产的义务。遗产保管人为了对遗产进行清算，首先必须弄清死者是否欠有债务，是否有受遗赠人，受遗赠人是否接受遗赠。如果遗产保管人不知道死者是否有债权人和受遗赠人，就必须申请法院进行公告，通知债权人和受遗赠人在公告所规定的期限内申报债权或表明是否接受遗赠。如果遗产保管人已经知道死者有债权人和受遗赠人，则可以直接通知他们申报债权或表明是否接受遗赠。遗产保管人只有在弄清楚这些问题以后，才能用遗产清偿和交付遗赠标的物。第三，清偿债务及交付遗赠标的物。

2. 我国台湾地区

为保存遗产必要之处置、清偿债权或交付遗赠物，台湾地区设立了遗产管理人制度。遗产管理人首先应由继承人担任；继承开始时，继承人之有无不明者，由亲属会议于一个月内选定遗产管理人，并将继承开始及选定遗产管理人之事由，向法院报明；无亲属会议或亲属会议未于前条所定期限内选定遗产管理人者，利害关系人或检察官，得申请法院选任遗产管理人。根据我国台湾地区“民法”第1179条规定，遗产管理人的职责表现为：“一、编制遗产清册。二、为保存遗产必要之处置。三、申请法院依公示催告程序，限定一年以上之期间，公告被继承人之债权人及受遗赠人，命其于该期间内报明债权及为愿受遗赠与否之声明，被继承人之债权人及受遗赠人为管理人所已知者，应分别通知之。四、清偿债权或交付遗赠物。五、有继承人承认继承或遗产归属国库时，为遗产之移交。前项第一款所定之遗产清册，管理人应于就职后三个月内编制之；第四款所定债权之清偿，应先于遗赠物之交付，为清偿债权或交付遗赠物之必要，管理人经亲属会议之同意，得变卖遗产。”

3. 我国澳门地区

《澳门民法典》第五卷继承法第一编继承总则第八章专章规定了“遗产之管理”，授权遗产管理人在遗产分割前管理遗产的权利，使其享有包括对遗产进行保管的权利。

按照《澳门民法典》第 1918 条的规定，遗产保管人由下列人担任：（1）生存配偶，只要其为继承人或夫妻所采用之财产制非为分别财产制；（2）遗嘱执行人；（3）死者之血亲或与死者生前有事实婚姻关系之人，但须为依法继承人；（4）遗嘱继承人；（5）法定继承人。其职责主要包括：遗产的清算；遗产债权的收取；必要的处分以及遗产的分割和账目之提交等。

4. 我国香港地区

遗产管理人在香港的继承事务中至关重要，对死者债权人利益的保护主要是通过规范遗产管理人的行为而达到保护的目的。根据香港地区的《遗嘱认证及遗产管理条例》第 10 条规定，任何人不论是在香港还是在其他地方去世，只要在香港遗下他没有立遗嘱的遗产，则该遗产应授予遗产管理官（一般为司法常务官）管理。如遗产管理官认为适当，须接收及接管遗产，直至法院发给遗产管理书。在上述人员离职或停职时，则应由其继任人继续保管，不得移交或转让。留有遗嘱的，遗嘱执行人为遗产管理人。具体的遗嘱认证及遗产管理事项一般由法院指定一信托法团承办。死者的财产是偿债的资产，死者生前有借遗嘱处分其实体的权利，因此而影响其对债项之清偿或法律责任承担的行为均属无效行为。当死者的遗产无力偿债时，优先支付殡殓、遗嘱管理及遗产管理的开支，再根据破产法的规则，偿付各类优先债权，最后是普通债权，遗产管理人在遗产管理中当恪尽职守，若将死者财产的任何部分浪费或转为己用，则可被追诉，而负赔偿责任。

（二）我国遗产管理人制度之评析

我国遗产管理人制度主要体现在遗产保管人的确认和职责两个方面：

1. 遗产保管人的确定

遗产的保管人（也称为遗产的管理人），是指对死者遗产负责保存和管理的人。财产所有人死后，为了保护遗产不被损毁和散失，必须要确定遗产的保管人。

从我国的继承相关规定来看，遗产保管人的范围较为宽泛，继承人和第三人均可以担任遗产的保管人。被继承人未在遗嘱中指定遗产保管人的，遗产首先应当由继承人保管；在继承人尚未确定或者继承人是否接受继承尚未确定，或者继承人因无完全民事行为能力等原因无力管理遗产时，《继承法》原则上采取法定主义，由死者生前所在单位或者遗产所在地的基层组织（基层人民政府或村民委员会、居民委员会）为遗产保管人。在我国台湾地区，遗产管理人首先应由继承人担任；继承开始时，继承人之有无不明者，由亲属会议于一个月内选定遗产管理人，并将继承开始及选定遗产管理人之事由向法院报明；无亲属会议或亲属会议未于前条所定期限内选定遗产管理人者，利害关系人或检察官，得申请法院选任遗产管理人。在香港，任何人不论是在香港还是在其他地方去世，只要在香港遗下他没有立遗嘱的遗产，则该遗产应授予遗产管理官（一般为司法常务官）管理。留有遗嘱的，遗嘱执行人为遗产管理人。值得注意的是，《澳门民法典》详细规定有遗产保管人的确定顺序。按照《澳门民法典》第1918条的规定，遗产保管人按顺序由下列人担任：（1）生存配偶，只要其为继承人或夫妻所采用之财产制非为分别财产制；（2）遗嘱执行人；（3）死者之血亲或与死者生前有事实婚姻关系之人，但须为依法继承人；（4）遗嘱继承人；（5）法定继承人。法定继承人按法定继承顺序确定为遗产保管人，同一顺序的血亲以亲等近者优先，同一亲等的以在死者死亡时与其共同生活至少 1 年之人优先，情况相同的以较年长的继承人优先。

2. 遗产保管人的职责

我国香港、台湾和澳门地区赋予遗产管理人以较多的职责。总体来看，遗产保管人应当具有以下职责：

（1）制作遗产清册。遗产保管人清点遗产并登记造册，是遗产管理上的第一个重要步骤。对于保证遗产的完整性、遗产价值的正确性以及相关利害关系人的利益至关重要。

我国台湾地区要求遗产保管人应于就职后 3 个月内编制遗产清册；我国澳门地区要求遗产保管人自知悉继承开始时起 3 个月内编制财产清册；《继承法》对此问题未作规定。

（2）为保管遗产为必要的处分行为。遗产保管人在管理权限内的必要处分行为，大致有以下几种：

①处分遗产的行为。《澳门民法典》第 1928 条第 1 款规定，待分割财产管理人应将会毁损之孳息或其他财产出卖；我国台湾地区的“民法”第 1179 条第 2 款规定，遗产保管人为保管遗产可为必要之处置。

②对于死者生前的营业，继续进行必要的营业行为。

③遗产债权的收取。如《澳门民法典》第 1927 条规定，就遗产中仍未收取之债权，如延迟收取可能导致债权难以收取，或债务人自发清偿债务，则待分割财产管理人得收取之。

（3）清偿债务或交付遗赠物。

（4）移交遗产。《澳门民法典》第 1931 条第 3 款规定，如有余额，须将之按各利害关系人之权利分配予个人；我国台湾地区的“民法”第 1185 条规定，第 1178 条所定之期限届满，无继承人承认继承时，其遗产于清偿债权并交付遗赠物后，如有剩余，归属国库。大陆地区，如果死者遗产在清偿债务和遗赠以后还有剩余，遗产保管人应将剩余的遗产交于继承人，没有继承人或继承人有无不明时，应将剩余的遗产移交集体组织或国库。

此外，我国澳门和香港地区还明确规定了遗产管理人的权利及法律责任。《澳门民法典》第 1924 条要求遗产管理人应“以谨慎及认真之态度管理遗产中之财产”，第 1923 条赋予遗产管理人在“年满七十岁；因患病而不能适当履行职务；在澳门法院就财产清册程序具有管辖权之情况下，其于澳门以外地方居住；履行待分割财产管理人之职务与其担任之公职有抵触”等情况下以辞职的权利。香港地区《遗嘱认证及遗产管理条例》第 43 条规定，每名获授予死者遗产管理的人，在授予书所载的限制的规限下，均享有相同的权利及法律责任，以及须以同样的方式负责，犹如他是该名死者的遗嘱执行人一样。

四、我国遗产管理人制度之完善

随着社会经济的发展，建立专门的遗产管理制度已显得非常必要：

第一，遗产本身的复杂性需要专门的人来管理。社会的发展使得遗产的范围越来越大，不仅包括简单的静态财产，而且包括大量的处于经营过程中的动态财产。作为遗产继承人不一定能掌握其运作规则，也不可能完全抛开自己原来的生活和工作而完全投入到遗产的管理和分配中去。这样就不利于遗产的管理，不利于遗产的保值增值，从而造成财富的浪费。

第二，遗产管理人制度有利于限定继承原则的贯彻、实施。一方面，遗产管理人吸收了作为遗产共有人的继承人对遗产的管理、处分权①：未经遗产管理人同意，任何继承人不得进行有损于遗产价值的使用、收益和处分。这也避免了继承人隐匿、转移遗产的可能。另一方面，遗产管理人需要编制遗产清册，由此可达到公示遗产范围，避免遗产与继承人的财产混同的目的。

第三，继承开始后，遗产的清理、继承人资格的确认、遗产债务的清偿及遗产分配中应遵循的原则和应注意的问题，没有具有专门法律知识的人介入，很难使这些问题得到合法的解决，为将来诉讼纷争的发生埋下隐患。设立遗产管理人，可以妥善地解决上述问题。

（一）遗产管理人之制度设计

1. 遗产管理人的选任

（1）由遗嘱执行人担任：遗嘱人可指定遗嘱执行人，也可以委托他人代为指定遗嘱执行人。遗嘱执行人既可以指定一人，也可以指定数人；既可以指定自然人，也可以指定法人；既可以是法定继承人，也可以是法定继承人以外的人。

（2）由法定继承人担任：没有遗嘱或遗嘱无效者，继承人为遗产管理人。继承人为多人时，应推选一至三人为遗产管理人，未推选或未能就管理人选达成一致意见的，由全体继承人共同行使遗产管理人的职责，并以多数原则决议。

（3）由被继承人生前所属单位或住所地的基层组织担任：没有继承人或者继承人下落不明，而遗嘱中又未指定遗嘱执行人的，应以被继承人住所地的居民委员会或村民委员会为遗产管理人。

---

① 遗产管理人制度的设立并不会改变当然继承的局面，遗产管理人只是享有对遗产的管理权，遗产所有权仍在继承开始时即归继承人所有。（参见王利明：《中国民法典学者建议稿及立法理由》，法律出版社 2005 年版，第 488 页。）

2. 遗产管理人的资格

遗产管理人须为有行为能力人，未成年人或精神病患者不允许作为遗产管理人。被剥夺政治权利的人，因其特殊身份并不影响其管理遗产的能力与公正性，应当允许其资格，但正处于监禁的除外。

指定继承人之外的人作为遗嘱执行人必须具备两个条件。第一，要有遗嘱人在遗嘱中的指定；第二，被指定的人同意承担遗嘱执行人的义务。遗嘱人用遗嘱指定执行人是单方的法律行为，只要遗嘱人一经指定，即具有法律效力。遗嘱人死亡后，被指定的执行人即可执行遗嘱。

3. 遗产管理人的职责

（1）遗嘱执行人。遗嘱执行人作为遗产管理人时，职责范围主要包括：①审查遗嘱；②清理登记遗产；③妥善管理和保护遗产并进行必要的处分；④分配遗产。

遗嘱执行人作为遗产管理人时的权利包括：①排除妨碍请求权；②报酬求偿权；③费用偿还请求权；④辞职的权利。

（2）继承人。继承人作为遗产管理人时，职责范围主要包括：①保管遗产；②清点遗产、制作遗产清单；③公告及通知；④分配遗产。

继承人作为遗产管理人时的权利主要表现为：获取报酬的权利。

（3）被继承人生前所在地的居民委员会或村民委员会。被继承人生前所在地的居民委员会或村民委员会作为遗产管理人时，其职责同上。

4. 遗产管理职务的终结

当出现下列情状时，遗产管理职务终结：

（1）遗产分配完毕。

（2）管理人死亡或丧失行为能力。

（3）作为管理人的法人破产或终止。

（4）管理人辞职。

（5）管理人被解职。

（二）遗产管理人制度设计之依据

1. 关于遗产管理人的选任

遗产管理人制度便于实现遗产管理的连贯性。各国法对遗产管理人的范围均规定得比较宽泛，除无民事行为能力人、受破产宣告未复权者、被剥夺公权尚未复权者外，继承人和第三人均可担任遗产管理人。

（1）关于遗嘱执行人担任遗产管理人。遗嘱执行人制度起源于日耳曼法的中介受托人制度。从弗兰克时代到中世纪，财产的所有权人拥有财产的支配权，得指定他人（受托人）以本人的名义，为遗产的管理与处分，该他人须为继承人以外之人，此人即为中介受托人。中介受托人的设立目的有三：其一，为向教会赠与财产，达到救济灵魂的目的。因死因赠与为双方的行为，本人不在不能形成赠与，因此有设立中介受托人的必要。其二，在向教会赠与不动产的过程中，通常会举行一定的仪式，称“祭坛上交付”，而赠与人通常是在异地或病重而不能亲自参加，因此也有委托他人的必要。其三，本人为在死后能实现自己的财产依自己的意志进行分配，有委托他人的必要。这就是遗嘱执行人的前身。

早在拜占庭帝国时期，罗马法就允许不特定的贫民或俘虏为继承人或受遗赠人，将其全部财产委托他人为该继承人或受遗赠人而保存，这里的受托人只是起保管遗产的作用，与如今的遗嘱执行人制度相去甚远。只有发展到后来，大陆法国家引进日耳曼法遗嘱执行人制度，才慢慢发展完善起来。[①]

值得注意的是，大陆法的遗嘱执行人是指执行遗嘱的人，这表明遗嘱执行人可由遗嘱指定以外的途径产生，英国法的遗嘱执行人则是遗嘱指定的执行人，只能由遗嘱指定产生，通过其他途径产生的称为遗产管理人。依《德国民法典》（第2197—2198条），执行人由遗嘱人指定或委托第三人指定，也可经指定一定的补充执行人，还可以授权遗嘱执行人再指定一人或数人为其共同执行人或补充执行人，另外，遗产法院因被继承人以遗嘱的请求，也可为其选任执行人。《瑞士民法典》第517条规定，被继承人得遗嘱指定的一人或数人为遗嘱执行人。《法国民法典》第1025条与瑞士民法规定相同。《日本民法典》第1006—1028条规定由遗嘱人指定或委托第三人指定，无遗嘱执行人或遗嘱执行人出缺时，依利害关系人的请求，由家庭裁判所选任。英国法依其传统，认为遗嘱执行人只能由遗嘱人指定，分为两种：一是明示指定，是遗嘱中明确写明的；二是默示指定，即虽没有明确称其为遗嘱执行人，但却委托其受理某些遗嘱执行人职务，比如收集遗产，清偿债务与丧葬费用，分配遗产等。在实践中，明示委托与默示委托可能同时并存。

（2）关于法定继承人担任遗产管理人。没有遗嘱或遗嘱无效者，继承人为遗产管理人，主要是基于两方面的考虑：首先在于继承人与被继承人之间特殊的亲情关系，为遗产管理，应视为其生前义务的延伸；其次，被继承人死亡后，遗产一般为继承人实际管领、控制，其更了解遗产的状况以及遗产债务等相关情况。

（3）关于被继承人生前所属单位或住所地的基层组织担任遗产管理人。从我国实际情况来看，为妥善保全遗产，无遗嘱执行

---

① 史尚宽：《继承法论》，五南图书出版公司1980年版，第516—517页。

人，也无人承认继承时，亦有必要为遗产设置管理人，并由遗产管理人主导无人继承遗产的全部处理过程。但此项管理职责如交给法院，法院将不胜其烦。因此，笔者认为，没有继承人或者继承人下落不明，而遗嘱中又未指定遗嘱执行人的，应以被继承人住所地的居民委员会或村民委员会为遗产管理人。这是由我国的具体国情决定的。由被继承人生前所属单位或住所地的基层组织处理一些公民个人的人身问题，在《民法通则》中已有规定，如对未成年人与精神病人的监护。

2. 关于遗产管理人的资格

遗产管理是继承法的重要制度，出于财产安全之考量，遗产管理人须为有行为能力人，未成年人或精神病患者不允许作为遗产管理人，这也是世界各国立法之通例，同时亦要考虑遗产管理人的中立性和专业性。[①]

3. 关于遗产管理人的职责

（1）遗嘱执行人作为遗产管理人时，职责范围主要包括：

①遗嘱审查：遗嘱执行人要忠实执行遗嘱，就必须首先掌握遗嘱中对各项处分的真实含义以及遗嘱是否真实合法。如遗嘱人是否有遗嘱能力，遗嘱是否出于遗嘱人的真实意愿，有无涂改、变换或隐匿等情形，是否给无劳动能力又无生活来源的继承人保留了必要的遗产份额以及是否处置了不属于自己的财产等。此外，对遗嘱中所指定的继承人、遗产的数量、遗产的所在地、继承的份额等问题也必须予以明确。

②清理登记遗产：由于遗嘱的订立至遗嘱生效，一般要经过一段较长的时间，在这个过程中，遗嘱中所指定的遗产可能发生变化，或者遗产仍混在夫妻共有财产或家庭共同财产之中，因此

---

① 付翠英：《遗产管理制度的设立基础和体系架构》，载《法学》2012 年第 8 期。

需要清理。如果遗产项目较多，有编制清册的必要时，应编制遗产清册，遗产清册中应载明遗嘱人死亡时应属于他的全部遗产的名称、数量、价值、债权和债务的价值，债权人和债务人的姓名。清册应在执行人交付遗产之前或同时交与遗嘱继承人。遗嘱继承人也有权请求执行人编造和交付遗产清册。

③妥善管理和保护遗产：在继承人分割遗产或受领遗赠财物之前，遗嘱执行人应妥善管理和保护遗产，以防止遗产被毁损、灭失等情况的发生。管理和保护遗产，是指管理和保护遗嘱中所处分的遗产，对遗嘱中未作处分的遗产，遗嘱执行人自然无权管理。管理遗产所需的费用，应从遗产中扣除或由继承人承担。

作为遗嘱执行人，若无义务相限制，可能会滥用职务。大陆法系各国一般规定“执行人应遵从遗嘱人的意愿管理事务”。英国法则明确遗嘱应负谨慎义务。上述两种说法的本质就是“合理注意义务”。但学者对合理注意义务要求程度说法不一。有的学者认为应以处理自己事务的同一注意为要求，有的认为应以善良管理人为要求。也有的学者主张应分两种情形：若执行人是无偿的，则只是以自己事务的同一注意即可；有报酬的则应尽善良管理人义务，对因自己的故意或过失造成的损失负赔偿责任。

④有限处分权：遗嘱执行人有权对遗嘱所涉及的全部遗产进行有效控制。例如，A. 遗产在其他继承人手中时，遗嘱执行人有要求转移占有的权利，如果遗产有孳息，有权代为收取；B. 被继承人遗留有缺乏劳动能力又没有生活来源的法定继承人或胎儿，而被继承人又没有用遗嘱给他们留下必要的遗产份额或者被继承人遗有债务和欠交的税款时，遗嘱执行人有权为他们保留必要的遗产份额和用遗产替被继承人偿还债务和交纳税款；C. 召集

主持继承人会议，根据遗嘱指定的遗产分配原则或者指定的数额分割遗产；D. 将遗嘱中遗赠的财产数额或特定的财物交给受遗赠人等。

⑤按照遗嘱内容将遗产最终分割给遗嘱继承人：遗嘱执行人执行遗嘱，必须按照法律的要求和遗嘱人的意愿，忠实地履行自己的职责，不能随意地改变遗嘱内容。如因其故意或过失给继承人造成损害，应负赔偿责任。遗嘱执行人为执行遗嘱，非因可归责于自己的事由受到损害时，可请求继承人赔偿。遗嘱执行人执行遗嘱所需的执行费，应从遗产中支付。

遗嘱执行人作为遗产管理人时的权利包括：

①排除妨碍请求权：遗嘱执行人在执行职务时，任何人（包括继承人在内）不得妨碍和干涉。继承人亦不得处分与遗嘱有关的遗产，这里所谓的“继承人不得处分与遗嘱有关的遗产”，是指未经清算和按遗嘱分割的遗产。如果继承人擅自处分未经分割的遗产或者有妨害遗嘱执行人执行职务的行为，遗嘱执行人有权请求人民法院责令妨碍其执行遗嘱活动的人承担由于其行为而给自己和遗嘱继承人造成财产损失的赔偿责任。

②报酬求偿权：我国《继承法》关于遗嘱执行人是否可以收取报酬，未有明确规定。梁慧星教授负责的中国民法典研究课题组起草的《中国民法典继承编条文建议草案》第 60 条规定：“遗嘱人可以在遗嘱中对遗嘱执行人指定报酬。遗嘱人没有作出上述指定的，遗嘱执行人不得请求报酬。但继承人或者受遗赠人自愿支付报酬的除外。”杨立新教授在《在审判实践中怎样理解和掌握〈继承法〉的基本问题》一文中明确指出：“遗嘱执行人为执行遗嘱所支付的必要费用和应得报酬，有权请求继承人偿付，如果继承人拒不偿付，执行人有权变卖遗产，从中得到补偿。”笔者赞同后者的观点。

③费用偿还请求权：执行人因执行遗嘱所支出的必要服务费，得从遗产中扣除或向继承人和受益人索取；执行人因执行职务非因自己的过错造成损失的，得向继承人请求赔偿。

④辞职的权利：担任遗产管理人需相当之精力及理财经验，如遗产管理人事后发现自己不能胜任时，自应允许其向法院申请辞职。此外，如遗产管理人有其他正当理由时（如疾病、迁徙等）亦可向法院申请辞职。但遗产管理人对法院允许其辞职并与新任遗产管理人交接完毕前造成的损失，仍应负赔偿责任。

（2）继承人作为遗产管理人时，职责范围主要包括以下几个方面：

①保管遗产：遗产管理人应以善良管理人的注意义务，管理遗产。[①] 此项管理职责包括不变更物或权利性质的保存、改良及利用行为，一般不包括处分行为。但为防止遗产的减值或毁损，也应赋予遗产管理人于必要情况下以保全遗产为目的而处分遗产之权利。[②]

遗产管理人在管理遗产时，如认为不采取必要的处分措施不足以保护遗产的，可以采取必要的措施，包括为保存遗产而采取的诸如变卖、修缮等；对被继承人紧急债务和税款的清偿；继续进行必要的营业行为等。[③]

---

① 史尚宽：《继承法论》，中国政法大学出版社 2000 年版，第 283 页。

② 林秀雄：《民法亲属继承争议问题研究》，五南图书出版公司 1999 年版，第 281 页。

③ 遗产管理人执行职务时，应尽何种注意义务，我国《继承法》及建议稿均无明确规定。学者间有两种意见：一种观点认为，管理人之注意义务应根据其是否受有报酬而有不同标准。受有报酬者，应尽善良管理人之注意义务；无偿任职者，则仅需尽与处理自己事务相同之注意义务。（详见戴炎辉、戴东雄：《中国继承法》，三民书局 1999 年版，第 224 页。）另一种观点认为，不必区分遗产管理人是否受有报酬，一律应以善良管理人之义务执行职务。其注意程度，应与宣告失踪人之财产管理人之注意义务相同。（详见史尚宽：《继承法论》，中国政法大学出版社 2000 年版，第 374 页。）两种学说都有道理，但后说更为妥当。从立法政策上讲，使遗产管理人负善良管理人之注意义务也更有利于保护遗产权利人的利益。

遗产管理人既然于执行职务时应尽善良管理人之注意，故如其违反此项注意义务，给利害关系人造成损失的，自然应承担损害赔偿责任。此外，笔者认为，遗产管理人在遗产处理的顺序、遗产公告及遗产债权的清偿等问题上违反法律规定，对遗产债权人和受遗赠人造成损害的，应当承担赔偿责任。如遗产管理人之行为违反善良管理人之注意义务，有危及遗产安全之虞，经利害关系人之声请，法院亦得撤换遗产管理人。

②清点遗产、制作遗产清单：遗产管理人对于由其管理或应由其管理的遗产应当进行清点，并登记造册、制作遗产清单，这是遗产管理人最主要的任务。这样做的好处在于：便于遗产管理，防止遗产散失；便于计算遗产的价值及清算移交遗产；便于继承人或利害关系人随时查阅。

③公告及通知：遗产管理人有权也有职责公告通知或个别通知继承人、受遗赠人、死者生前的债权人，以使他们能够继承或者接受遗赠的遗产或能够获得债权的实现。

④分配遗产：包括遗产的分割、遗产债务的清偿等。

遗产管理人的权利主要表现为获取报酬的权利，此项报酬得列入继承费用，优先从遗产中拨付。至于报酬的数额，应根据遗产管理人的工作量及遗产管理人与继承人的亲疏程度确定。一般而言，工作量越大者，报酬越多；与被继承人亲属关系越近者，报酬越少。①

（3）被继承人生前所在地的居民委员会或村民委员会作为遗

---

① 辞任是遗产管理人的自由，但是不放弃继承的法定继承人担任管理人时其不得辞任，以实现其权利、义务的对等。被继承人生前所在地的居民委员会或村民委员会作为遗产管理人时，必定是出现了遗产无人承认的局面，如果允许其辞任，则遗产的处理程序就没有办法启动。加之我国村委会、居委会在基层社会生活中所处的主导地位，故也不应允许其辞任。

产管理人时，其职责同上。

在这里，还需要注意的一个问题是无继承人出现时剩余财产之移交。

如直至遗产清算完毕，仍无继承人主张继承，且遗产有剩余者，遗产管理人应负责将剩余遗产移交有关部门上缴国库所有；如果死者生前是集体所有制组织成员，移交所在的集体所有制组织，此点各个国家和地区立法较为一致。但在国库或其他地方组织取得剩余财产的依据和性质上，各个国家和地区立法与学说不同。有采原始取得说的，如古罗马的先占主义。日本及我国台湾地区虽未明确规定国库基于先占取得剩余财产，但亦认为国库取得剩余财产之性质为原始取得，故遗产上原有之负担，因国库之取得而消灭。[①] 亦有采最后法定继承人说的，如德国、瑞士及法国等多数大陆法系国家。在这些国家，国库或地方组织取得剩余财产是基于其最后顺序法定继承人之地位，故而为继受取得，遗产上原有之负担亦不因国家之取得而消灭，但国库或地方组织仅承担有限责任，并不得拒绝继承。两种学说中，以后说更为简便明了，对于遗产管理人地位的解释亦更为合理，并有利于遗产权利人的保护，故我国继承法以采后说为宜。基于此种理解，在遗产管理人将剩余财产移交国库或集体组织后，遗产债权人及受遗赠人仍得主张权利；移交后出现之继承人，亦可提起继承回复之诉。

4. 关于遗产管理职务的终结

一般来说，遗产管理人职务终结的原因有四：一是遗产分配完毕；二是遗产管理人死亡或丧失行为能力；三是遗产管理人辞职；四是遗产管理人被解职。需要说明的是后两种情形。被指定

---

① 史尚宽：《继承法论》，中国政法大学出版社 2000 年版，第 372—374 页。

的管理人在就职以前可以拒绝，但在就职后是否可以中途提出辞职呢？日本、德国、韩国都持肯定态度，但对继承人或受益人造成损害的，应承担赔偿责任。英国则否定了遗产管理人辞职自由。

遗产管理人被解职的原因：一是因为遗产管理人怠于行使其职务；二是因为重大事由的出现。大陆法系国家没有明文解释哪些属于重大事由，英国法认为遗产管理人出现如下情形时，属重大事由：①破产；②被监禁；③失去履行职务的能力；④性格怪僻；⑤无法查清其下落或出国长期居住；⑥因侵占财物而被通缉。[1]

五、《民法典》遗产管理人制度评析

（一）《民法典》关于遗产管理人制度的规定

第 1145 条规定："继承开始后，遗嘱执行人为遗产管理人；没有遗嘱执行人的，继承人应当及时推选遗产管理人；继承人未推选的，由继承人共同担任遗产管理人；没有继承人或者继承人均放弃继承的，由被继承人生前住所地的民政部门或者村民委员会担任遗产管理人。"

第 1146 条规定："对遗产管理人的确定有争议的，利害关系人可以向人民法院申请指定遗产管理人。"

第 1147 条规定："遗产管理人应当履行下列职责：

（一）清理遗产并制作遗产清单；

（二）向继承人报告遗产情况；

（三）采取必要措施防止遗产毁损、灭失；

---

① 张泽传：《两大法系遗嘱执行人制度比较》，载《贵州师范大学学报》2002 年第 2 期。

（四）处理被继承人的债权债务；

（五）按照遗嘱或者依照法律规定分割遗产；

（六）实施与管理遗产有关的其他必要行为。”

第1148条规定：“遗产管理人应当依法履行职责，因故意或者重大过失造成继承人、受遗赠人、债权人损害的，应当承担民事责任。”

第1149条规定：“遗产管理人可以依照法律规定或者按照约定获得报酬。”

（二）《民法典》与《继承法》关于遗产管理人制度规定之不同

《继承法》对遗产管理人制度规定得比较简单，仅规定谁占有遗产，谁就是遗产管理人。随着社会的发展，人们所拥有的财产数量越来越多、财产类型日趋多样，同时，财产状态变得不稳定的因素和风险也越来越大。为了确保遗产得到妥善管理、顺利分割，避免和减少纠纷，《民法典》增加了遗产管理人制度。

《民法典》用五个条文规定遗产管理人制度，包括遗产管理人的选任、遗产管理人的指定、遗产管理人的职责范围、遗产管理人的报酬请求权以及遗产管理人没有尽职尽责造成损害的赔偿责任。这些具体规定，增强了遗产管理人制度的可操作性，填补了现行继承法未确立遗产管理制度的立法欠缺，保证了遗产管理人制度的可操作性。

但同时我们也应认识到，虽然我国《民法典》对遗产管理人制度作出了规定，但仅有五条，显然对于诸多细节问题仍未能明确，主要体现在以下几个方面：

第一，当没有继承人或者继承人均放弃继承，由被继承人生前住所地的民政部门或者村民委员会担任遗产管理人时，民政部门和村民委员会如何履行遗产管理人的权利和义务，对被继承人是否可以委托专业的组织机构代行遗产管理人的权利和义务没有进一步的规定。

第二，当遗产管理人无法确定或发生争议无法形成一致意见，由利害关系人申请人民法院指定遗产管理人时，对人民法院应如何指定，指定什么样的人员或组织，在指定遗产管理人时应当遵循什么样的程序没有明确。

第三，遗产管理人在处理被继承人的债权债务时，应遵守什么样的程序，如何保障债权人的合法权益，当遗产支付不能或负债过度的情况下应如何处理等。

第四，对于遗产管理人能否主动辞任，因其违规行为能否被免职，遗产管理人为自然人的死亡时或遗产管理人为组织机构的注销时，其管理事务应如何承继。

由于《民法典》对上述这些问题未出作相应的规定，这将导致《民法典》确立的遗产管理人制度在实践操作中产生诸多的困难和争议，因此，相关执法部门和司法机关完全有必要在后续颁发的实施细则或司法解释中着力解决上述问题，以利于《民法典》确立的遗产管理人制度能够切实地服务于实践需要。

第五章　遗产债务清偿制度研究

遗产债务清偿制度就是解决一个人死后其遗产债务如何界定，遗产债务如何清偿，继承人如何承担责任以及遗产债权人如何救济等问题。遗产债务清偿问题从根本上说是一个社会经济秩序问题，一个具有以信用为基础的经济制度的社会，不能依靠曾被接受的债务同死者一起消亡的原则运行。

一、遗产债务的范围

关于遗产债务[①]，学者仁智各见。广义说认为，遗产债务指被继承人生前所欠的债务以及继承开始后所发生的债务，包括继承费用，酌给遗产和遗赠。[②] 狭义说认为，遗产债务指被继承人生前所负的债务，包括“个人为满足自己需要所欠的债务”[③] 以及税款、罚款。[④] 折中说认为，遗产债务是指被继承人生前所欠

① 遗产债务是大陆法系国家继承法律规定的通例，但在各国和地区的称谓有所不同。如德国法、瑞士法称为遗产债务，我国澳门地区法则称为遗产负担。

② 刘春茂：《中国民法学·财产继承》，中国人民公安大学出版社 1990 年版，第 107 页。

③ “个人为满足自己需要所欠的债务”是指与家庭共同生活需要或增加家庭共有财产、偿还家庭共同债务无关的只是用来满足被继承人某种特殊需要而欠下的债务。

④ 刘素萍：《继承法》，中国人民大学出版社 1988 年版，第 354 页。

的债务以及继承开始后所发生的遗赠债务、酌给遗产债务等。①

（一）外国之遗产债务范围制度

国外遗产债务可以分为以下三类。

1. 继承开始前产生的债务

继承开始前产生的债务为被继承人生前所欠的个人债务。除专属于被继承人的义务外，不论是私法上的债务，还是公法上的债务，不论是合同之债、侵权之债，还是不当得利、无因管理之债，不论是一般保证之债还是连带之债，均应归属为遗产债务。

被继承人生前所欠的个人债务主要有以下几个方面：

（1）被继承人依照各国税收法规应当缴纳的税款。

（2）被继承人因合同之债而欠下的债务。

值得注意的是，出于保护继承人或遗产债权人的不同考量，各国民法典对附条件、附期限的债权的清偿作出了截然相反的规定。例如，《日本民法典》第931条第2款规定，附有条件的债权或未确定存续期间的债权，根据家庭裁判所选任的鉴定人的评价，必须偿还。《德国民法典》第1986条第2款规定，如清偿债务为当时不能实行或者债务有争议者，仅在向债权人提供担保时，始得交付遗产；附条件的债权，如其条件的成就尚为期甚远，致该债权并无当前的财产价值时，无须对此债权提供担保。法国法认为未到清偿期的遗产债务，其债权人不得因被继承人死亡而请求清偿，其债权也不停止生息。此种做法在实践中难以操作，使遗产的处理和分割难以进行，不利于保护继承人和其他遗产债权人的利益。日本法则认为，未到期的被继承人的债务，应当在遗产债务清理时一并清偿。此种做法的好处是便于及时清偿

① 张玉敏：《继承法律制度研究》，法律出版社1999年版，第47页。

债务、分割和处理遗产。[①]

在笔者看来，对于附条件、附期限的债权的清偿应符合公平原则，尽量在继承人和遗产债权人的利益之间寻求到一个平衡点。即对尚未到清偿期的债务，应与其他债务一并清偿，但应当扣除自实际清偿之日到清偿期到来之日这段期间的利息。对于条件尚未成就的债务，可以由债权人与继承人协商解决；协商不成，可以诉请法院根据条件成就的程度、一般人的认知标准以及交易习惯等相关因素酌情估价清偿或由人民法院选定鉴定人评估其数额。

（3）被继承人因侵权行为而承担的损害赔偿的债务。

（4）被继承人因不当得利而承担的返还不当得利的债务。

（5）被继承人因无因管理而承担的补偿管理人必要费用的债务。

（6）其他属于被继承人个人的债务。如合伙债务中属于被继承人应当承担的债务，被继承人承担的保证债务。但是，与被继承人特定人身相联系的债务，继承人无须也不可能承担清偿责任。例如，在出版、演出合同中，作者、表演者完成创作和表演的义务不能继承。因为作者完成创作作品的义务或者表演人的表演义务都具有人身性质，不可让与，他们死亡后，创作义务和表演义务自动消灭，但是被继承人生前依照合同收取的定金、保证金等属于遗产债务；加工承揽合同中承揽人以自己的工作亲自完成承揽标的的义务不可继承，因为承揽合同主要是定作人基于对承揽人完成特定工作的某种技能的信任而订立的，因而要求承揽人必须以自己的技术、劳动力和设备亲自完成加工、定作或修缮

---

① 刘春茂：《中国民法学·财产继承》，中国人民公安大学出版社 1990 年版，第 565—566 页。

工作。如果承揽人死亡，则其义务自动消灭，定作人无权要求其继承人继续完成所余工作。

我们需要注意的是，被继承人生前所欠债务须为满足个人需要或目的所欠的合法债务。若以被继承人名义所借、实际为满足家庭共同生活需要而欠的债务不应该全部由被继承人的遗产清偿，因此，要注意划清家庭共同债务与被继承人个人债务的界限，对于不应由死者承担的部分，不能用遗产偿还。

2. 继承开始时产生的债务

继承开始时产生的债务包括因遗赠、遗产酌给请求权和特留份产生的债务。

（1）遗赠债务。遗赠自被继承人死亡时生效，因此遗赠债务属于继承开始时产生的债务。遗赠包括被继承人以遗嘱指定给予某人某项积极财产，或免除某些债务。遗赠具有无偿的性质，是被继承人对受遗赠人无偿的财产给予，因而与被继承人生前所欠债务不同，无论是在概括继承还是限定继承中给付遗赠都仅以遗产为限，也就是说，遗赠是遗产所负的债务，继承人不以自己的固有财产进行清偿。

各国立法关于遗赠的效力有以下两种立法例：

一为遗赠发生物权效力。《法国民法典》第 1006 条规定："遗嘱人死亡时，如没有依据法律规定可以专门保留部分遗产的继承人，全部概括遗赠的受遗赠人得因遗嘱人死亡而当然占有遗产，并无请求移交财产之必要。"《日本民法典》第 990 条规定："概括受赠人，有与继承人同样的权利、义务。"

二为遗赠发生债权效力。《德国民法典》第 2174 条规定："受遗赠人因遗赠而有向承担遗赠义务的人请求给付遗赠标的物的权利的根据。"《瑞士民法典》第 562 条规定："受遗赠人，对执行遗赠义务人，如未特别指定执行遗赠义务人时，则对法定的或指定的继承人，享有请求权。”

对这两种不同的立场，史尚宽先生指出：“遗赠发生物权的效力抑或发生债权效力，系于民法之规定及物权变动之基本的立场。采意思主义之法、日民法，无权因意思表示而变动，遗嘱应与生前行为同样，使物权意思表示而生移转之效力，故以采物权效力说为妥。而在采形式主义之德、瑞士法，动产所有权转移，须依交付，不动产所有权之移转须经登记，故除为继承人之指定或视为继承人之指定外，无论包括遗赠或指定遗赠，均仅有债权效力。”①

（2）遗产酌给债务。遗产酌给制度是指对继承人以外的受被继承人扶养的人或对被继承人扶养较多的人，在继承开始后，按照一定的原则分给适当遗产的制度。受扶养人或者扶养人有要求酌给遗产的权利，即遗产酌给请求权。因为继承的重要功能之一就是扶养，换言之，被继承人生前持续扶养之人，被继承人死后应由其遗产继续扶养。② 一般认为，遗产酌给请求权是债权。因为它是基于法律规定和扶养事实而发生，属于法定的遗产债务。③

（3）特留份债务。特留份制度是指在遗嘱继承中必须为一定范围的法定继承人保留一定遗产份额的制度。特留份制度的设立体现了社会本位的选择，其宗旨在于发挥继承的扶养功能，因为享有特留份的法定继承人一般来说都是需要被继承人扶养的人或者扶养过被继承人的法定继承人。如未出生的胎儿、被继承人的配偶、子女等。

被继承人享有制定遗嘱的自由与权利。孟德斯鸠认为自由应包含两方面的含义，一是“做法律所许可的一切事情的权利”；

① 史尚宽：《继承法论》，中国政法大学出版社 2000 年版，第 516 页。
② 史尚宽：《继承法论》，中国政法大学出版社 2000 年版，第 150—152 页。
③ 张玉敏：《继承法律制度研究》，法律出版社 1999 年版，第 163—164 页。

二是“一个人能够做他应该做的事情，而不被强迫去做他不应该做的事情”。具体而言，遗嘱自由的内容主要包括：遗嘱人可以通过订立遗嘱变更继承人的继承顺序和应继份额，甚至可以取消法定继承人的继承权；可以将财产赠与法定继承人以外的其他公民或赠与国家、集体组织、用于社会公共福利事业等。

正像历史上存在过的任何一种制度都有其存在的客观必然性一样，遗嘱继承制度也既有其积极的一面，同时也有其消极的一面。在强调私权自治、私权神圣的时代，赋予遗嘱人遗嘱自由的权利无疑是充分地尊重了遗嘱人的自由意志，但是如果对遗嘱人的遗嘱自由丝毫不加限制，遗嘱人往往根据自己的好恶、偏爱或由于一时的感情冲动而滥用遗嘱自由的权利。因此，法律必须对遗嘱继承设定一定的限制，使遗嘱人在法律允许的范围内更好地行使遗嘱自由的权利。

在古罗马，当被继承人没有正当理由而剥夺了正统的当然的继承人的继承权时，被取消继承权人可以提起“遗嘱不伦之诉”。如其主张得到法官的支持，则该份遗嘱将被宣告为无效。此即义务分制度（又称特留份制度）。此乃基于“近亲之慈爱义务及确保其经济的扶养”之观点。

大陆法系国家的特留份制度所规定的应受保护的特留份权利人，是由身份决定的。《德国民法典》第 2303 条第 2 款规定：“配偶、直系卑亲属和直系尊亲属，只有直系卑亲属为继承人，或直系卑亲属及配偶为继承人时，特留份为被继承人财产的二分之一，其他情形为三分之一。”凡被继承人在处理自己的财产时，必须为一定范围的近亲属保留法定的遗产份额，如果被继承人在遗嘱中没有为特留份权利人保留应留份额，或未足额保留，则特留份权利人有权向法院提出诉讼，主张该遗嘱无效或部分无效，甚至有权请求继承人补足其特留份。由于特留份仅以身份为基础，而不以“扶养需要”为条件，因而，各国对其本质认为是“法定继承权”，所以其计算基础为“被继承人死亡时所有的遗产扣除债务后所余之财产”。例如，《德国民法典》第2303条规定：“义务分（特留份）权利，为优先于遗嘱，而后于继承债权之金钱债权。”《日本民法典》第1029条规定：“特留份以被继承人于继承开始时所有的财产的价额加上其赠与财产的价额，减去债务全额之余额计算，应计入的赠与，以于继承开始前一年间所为者为限。”

英、美、加等英美法系国家素来尊重当事人的自由，绝对承认遗嘱自由，但亦通过寡妇产、鳏夫产制度，对被继承人的遗嘱处分自由加以限制。所谓寡妇产，即指生存之妻子对已死亡之丈夫的不动产的1/3享有终身用益权；所谓鳏夫产，指生存之丈夫对已亡之妻子的全部不动产享有终身用益权。不过，寡妇产、鳏夫产仅限于财产的用益权，并不调整该财产的所有权归属，该寡妇、鳏夫死后，该份财产不能作为其遗产。英国1952年《无遗嘱继承条例》规定：“法院可以违反遗嘱人的意愿，判决从遗产的收益甚至本金中支付一定数量的扶养费给生存配偶、未成年的儿子、未婚女儿。”英美法系国家对遗嘱自由的限制除以身份关系为要求外，还以“所应保护的人需要被继承人的扶养”为必要。另外，英美法系国家对遗嘱自由的限制更多的是依赖于衡平法，由法官自由裁量而确定。

3. 继承开始后产生的债务

继承开始后产生的债务主要指继承费用。继承费用是指在被继承人死亡后，因料理其后事、处理继承的相关事务而产生的费用，包括丧葬费用、遗产管理费用、死亡宣告费用、公示催告费用、遗产清算费用、遗嘱执行费用、诉讼费用等。继承费用是继承所必需的花费，因此各国立法都规定应从遗产中支付，但是因继承人过失而支付的不在此限。

在英美法系国家，遗产税是其遗产债务的一个特殊内容。普遍认为巨额财富的传承使得财富分配上的巨大不均永久存在，将继承的权利集中于少数人手中，否定了穷人的机会平等。同时，它不是倾向于鼓励接受继承人的功过和劳动生产力，而是对出生于富裕家庭的幸运儿的奖赏。[①] 因此，英国和美国都规定了遗产税和赠与税。但不是所有的遗产都要征遗产税，在 2006 年，美国免予征税数额是 100 万美元，税率开始是 37%，在财产超过 300 万美元时增长至 55%。[②] 我们认为，英美国家遗产税的做法值得借鉴。[③]

（二）我国遗产债务范围制度

对于哪些属于遗产债务，我国继承立法和司法解释均未给予明确的界定。[④] 一般认为，遗产债务的范围包括：（1）被继承人遗留的债务；（2）遗赠债务；（3）必要的遗产份额；（4）酌给遗产债务；（5）继承费用。主要包括被继承人生前所欠债务，以及继承开始时和继承开始后产生的费用。

被继承人生前所欠债务往往由两部分构成：一是以被继承人名义发生的，并应由其个人承担的债务；二是在共同债务中，应由被继承人个人承担的债务份额。判断债务的性质是否为被继承人的个人债务，关键应看其负债的原因或该债款的用途，而不能只看以谁的名义负债。当被继承人为共同债务人之一时，不论该债务是否以被继承人个人的名义所欠，共同债务中应由被继承人

---

① See Ronald Chester, Inheritance, Wealth and Society (1982); Remi Clignet, Death, Deeds and Descendants: Inheritance in Modern America (1992); Inheritance and Wealth in America (Robert K. Miller, Jr. & Stephen J. McNamee eds. 1998).

② [美] 杰西·杜克米尼尔、斯坦利·M. 约翰逊:《遗嘱、信托、遗产》，陈苇编译，西南政法大学外国家庭法及妇女理论研究中心内部资料，2006 年，第 17 页。

③ [英] 安德鲁·伊沃比:《继承法基础》（第 2 版），武汉大学出版社 2004 年版，第 163—175 页。

④ 李双元、温世扬:《比较民法学》，武汉大学出版社 2016 年版，第 1004 页。

承担的债务份额，都属于被继承人个人债务的组成部分。

至于继承开始后处理继承事务所发生的债务，如遗产管理费用、遗产分割费用等，属于在遗产分割前遗产本身的消耗花费，可直接从遗产中扣除。

对于殡葬费用，我们认为，殡葬被继承人是继承人应尽的义务，由此而负的债务，应由继承人用其个人财产负责清偿，而不能作为被继承人的债务用其遗产清偿。①

我国继承法律制度对遗产债务的范围没有明确界定，立法的缺失导致实践的混乱。例如，某甲生病住院，后因医治无效死亡，与医院结算时，某甲尚欠医疗费 3000 余元，该债务是某甲和医院因医疗合同行为所产生的债务，按理应从遗产中支付，但如果遗产不够支付，所欠的剩余费用该如何处理？是医院自认倒霉还是应该由其子女偿还？我国《婚姻法》规定子女有赡养父母的义务，如剩余的医疗费不再支付，那么子女履行赡养义务又如何体现呢？出现上述问题的根源在于我国对遗产应负担的债务及应支出的费用未作明确规制。这样就有可能导致遗产负担的非必要增加，从而损害债权人利益。②

（三）我国遗产债务范围制度之完善

1. 遗产债务范围之制度设计

笔者认为，遗产债务是指被继承人生前因其行为所产生的应当由个人负担的债务和遗产应负担的费用。具体来看，包括以下几个方面：

（1）被继承人所遗留的债务主要包括以下几种：

①合同之债；

---

① 陈苇：《婚姻家庭继承法学》，群众出版社 2017 年版，第 494 页。

② 卢文锋：《论遗产债权的法律保护》，安徽大学 2003 年硕士学位论文。

②侵权、不当得利、无因管理之债；

③遗赠之债；

④因违法犯罪行为所受之罚款、罚金；

⑤因经营所欠国家税款；

⑥被继承人生前因其他行为引起的债务。

（2）遗产应负担的费用。遗产应负担的费用，包括继承费用、酌给遗产之债和特留份之债。①

2. 遗产债务范围制度设计之依据

（1）关于无因管理之债的表现形式之一：遗产补偿权。按照我国《继承法》第14条规定："对继承人以外的依靠被继承人扶养的缺乏劳动能力又没有生活来源的人，或者继承人以外的对被

① 有学者认为，遗产应负担的费用还包括遗产税（参见张力：《遗产债务清偿的顺序》，载《广西社会科学》2003年第1期。）对此，笔者持否定意见。主要理由如下：一、遗产税的负税主体应该是遗产的继受者；二、我国目前不宜征收遗产税。原因在于：对自然人死亡时遗留的财产课税，既非任何人的随意想象或偶发性应激措施，也不是在任何社会历史条件下都有此可能和必要。凡是开征遗产税的国家和地区，在确定这一税收形式和制度时，都应以两个前置性因素为根据：一是现实社会中确实是具备了一定的经济条件、遗产继承的法制环境和比较健全的税收机制，以确保遗产税开征后能够顺利地操作运行；二是现实社会确实有必要开征遗产税，亦即通过利弊分析和价值比较，确认在一定社会条件下，开征遗产税对国家和社会具有多方面的积极作用。客观分析，当前征收遗产税弊大于利：（1）法规、制度的不到位，使遗产税的开征有名无实。遗产税是对财产所有者死亡时遗留财产课征的税种。税源的确定是遗产税征收的关键，而我国目前的客观现实是：第一，全国均未建立起完整的个人收入申报和登记制度，个人收入的来源、主要去向、财产的构成和权属等均不明确；第二，个人财产公证制度尚待落实，个人财产的所有权及产权的转移缺乏有效的法律证明；第三，受传统的"财不外露"观念的影响，个人财产非常隐蔽，遗产数量很难确定；第四，死亡人信息很难及时准确收集，无法保证遗产在计征税前不被分割和转移。（2）遗产税的开征，会加大征管成本，降低税收的效率。遗产税征税成本高，且对征管能力要求也高，在税收征管基础不强、手段不先进、偷漏税现象严重的我国，极可能流于形式。（3）会对富裕群体的心态及私营经济的发展带来一定的负面影响。（4）可能导致资金和人才外流。如香港地区已取消遗产税，以避免其带来的消极因素对当地发展的影响。

继承人扶养较多的人，可以分给他们适当的遗产。”对被继承人扶养较多的非法定继承人，因扶养被继承人受到不应有的损失，被继承人死亡后，有获得适当遗产的权利，这种权利通常被称为获得遗产补偿权。获得遗产补偿的主体是继承人以外的扶养人，[①]扶养人获得遗产补偿权的主要条件是对被继承人进行了较多的非法定义务的扶养，主张获得遗产补偿也必须在被继承人死亡之后，但被继承人生存期间，扶养人与被继承人之间已存在可以实现的权利义务关系——无因管理的债权债务关系。扶养人对被扶养人无法定或约定的扶养义务，但扶养人为了维护被继承人的利益进行较多扶养义务，并因此付出了一定的费用和劳动，符合《民法通则》第93条的规定，构成无因管理的债权债务关系。扶养人是债权人，有权要求被扶养的被继承人给予必要补偿。被继承人是债务人，有对因扶养自己受损失的扶养人进行必要补偿的

① 那么，此处的“继承人”应作何种解释，学者意见不一。有学者认为应解释为“法定继承人”，也有学者认为，这里的“继承人”，是指享有继承既得权的实际继承人，包括法定继承人和遗嘱继承人，而并非指享有继承期待权的期待继承人。笔者赞同这种观点。理由如下：作为享有继承期待权的法定继承人所享有的只是在继承开始后，实际取得遗产的一种希望或资格，其能否取得继承既得权，必须到继承开始时才能最后确定。如果是法定继承，被继承人死亡时，先由第一顺序的法定继承人继承遗产，在没有第一顺序继承人或第一顺序继承人全部放弃或丧失继承权的情况下才由第二顺序的法定继承人继承遗产，否则，第二顺序的法定继承人只能为期待继承人而不能成为实际继承人。同样，在遗嘱继承中，如果遗嘱人将第二顺序法定继承人指定为全部遗产的继承人，那么，第一顺序的法定继承人的期待继承权就不能转化为继承既得权，即不能成为实际继承人。基于上述分析可知，无论是在法定继承中还是在遗嘱继承中，均可能出现是法定继承人却不是实际继承人的情况。那么，如果按照第一种观点，这些人中即使有符合遗产补偿请求权其他构成要件的，但由于是法定继承人，则不能成为请求权人，由此就会出现与被继承人有婚姻关系或有血缘关系的人不能成为请求权人，而与被继承人无上述关系的人却可以在同等条件下获得遗产的奇怪现象，两相比较，其不公平昭然若揭，此结果严重违背了我国继承法使家庭成员在被继承人死亡后，其生活得到保障，继续实现养老育幼家庭职能的立法宗旨。显然，此“继承人”应解释为取得继承既得权的实际继承人才符合立法本意。

义务。因此，笔者认为，扶养人获得遗产补偿不过是无因管理债务的延续，或者是无因管理债权人的债权实现的特殊形式。

具体而言，扶养人补偿请求权的构成要件是：

第一，须为对被继承人生前尽了较多扶养义务的人。

这里的“较多”可以是与继承人所尽义务相比较，扶养人承担的义务较多；也可以是以被继承人的实际需要为标准，扶养人满足了被继承人较多的实际需要；还可按人们的一般观念为标准，扶养人的扶养行为并非偶尔为之，而是一种经常性行为。扶养人所尽扶养义务的形式，可以表现为经济资助、劳务扶助、生活的照料或精神慰藉等，不能单纯理解为支付一定的财产。而且这种扶养的事实状态不受时间长短的限制，这是因为扶养人的遗产补偿权和被扶养人的酌给遗产权的权利基础及设立目的不同（关于被扶养人的酌给遗产权，笔者将在下文中详述）。赋予扶养人遗产补偿权显然不是单纯为了照顾扶养人的生活或需要，而是因为被扶养人（被继承人）受恩惠在前，那么于其死后，如果继承人对此仅以言辞或情感上的感激予以了结显然不符合社会的公平、法律的正义，我们应当给予乐于助人的公民以法律上的切实保障。正源于此，法律应赋予扶养人以补偿权。

第二，扶养人未受相当的遗赠。

也就是说，扶养人未受遗赠或所受遗赠与扶养人对被继承人所尽扶养义务及被继承人所留遗产数额不相当。

扶养人符合以上两个要件即可享有遗产补偿请求权，法律对其份额作了与被扶养人相同的原则规定：可以分给他们适当遗产。那么，这种规定是否合理呢？如前所述，扶养人可以分为两种：一种是实际继承人以外的其他法定继承人，其与被继承人之间存在法律上的权利义务关系，由于其所尽扶养义务比实际继承人多，若其能取得继承权，根据《继承法》第13条规定“可以多分遗产”，那么在扶养人未能成为实际继承人时，法律赋予其遗产补偿权从而获得遗产是完全符合我国继承法权利义务相一致的原则的，也有利于养老育幼原则的贯彻。另一种是法定继承人以外的人，包括被继承人的亲属、同事、朋友等，扶养人对被继承人本不负任何法律上的扶养义务，其对被继承人的扶养完全是尽道德义务，而此时负有法律上扶养义务的继承人或由于实际条件不允许（无扶养能力）而不能尽扶养义务，或尽了扶养义务但很少，或根本不尽扶养义务，但又未达到丧失继承权的程度，而无任何扶养义务的扶养人却承担了较多的扶养义务，那么，扶养人理所当然地应享有取得遗产的权利，而不是“可以”分得遗产。这才符合人类社会的道德取向和法律价值。因为在任何一种社会形态之下，人际间的互动总是存在的，它是人类社会互助共进的形式之一。在现实生活中，被继承人去世前，往往处于年老、体弱多病的状态中，特别需要赡养和照料，当继承人不承担此义务时，就需要有人主动地对其提供帮助使其摆脱困境，这无疑是符合社会理性的。扶养人的补偿请求权与其他赋予社会道德要求以法律形式的制度相比，它更接近道德的性质，更具有道德的特征，它完全强调一种帮助他人的自愿，为之可得法律的保护救济，不为之也不会产生于己不利的法律后果。因此，赋予法定继承人以外的扶养人遗产补偿请求权与实现社会公正、正义目标是完全一致的。

扶养人遗产补偿的数额，主要取决于以下两个因素。

第一，扶养人对被扶养人所尽义务的大小。

这是确定扶养人酌分遗产数额的决定性因素。这里所说的“义务大小”，应当是综合经济、劳务、精神等几个方面的付出全面考虑。

第二，被继承人遗产的数额。

这是决定扶养人酌分遗产数额的另一重要因素。在遗产较多时，可使扶养人分得与其所尽义务相当的遗产份额。在遗产较少时，只能根据实际情况，均衡考量各方当事人的利益，酌情分给扶养人适当的遗产。

（2）关于遗赠之债。我国法律未就遗赠所生效力之性质作明文规定。笔者同意大多数学者的观点，遗赠仅产生债权的效力。受遗赠人在继承开始后，由继承人交付或登记时，才取得遗赠标的物之所有权或其他物权。而且依有偿债权优先于无偿债权的原则，遗赠应居于遗产债权人之后而受偿。且不论是限定继承还是无限继承，继承人都不需以个人固有财产清偿遗赠之债。

（3）关于因违法犯罪行为所受之罚款、罚金。被继承人生前因违法犯罪行为所受之处罚，属于公法上的义务，纵使被继承人死亡，该义务也不归于消灭，依据责任自负的归责原则，应用被继承人的遗产履行公法上的义务。

（4）关于因经营所欠国家税款。被继承人因经营所欠之税款属于公法上的义务，应用遗产进行清偿。

（5）关于继承费用。继承费用是指继承过程中所必需的费用。我国台湾“民法”明文规定：“继承费用乃关于遗产管理、分割及执行遗产之费用。”日本民法概括地规定“继承费用为关于继承财产之费用”。

继承费用一般包括以下三项：一为关于遗产管理者，即保存遗产所必要的一切费用，如管理费用、做成财产目录费用、缴纳之税捐、诉讼费用、清偿费用；二为遗产分割的费用；三为遗嘱执行的费用，如遗嘱的提示、告知的费用，以及遗嘱执行人的报酬等。

由于继承费用不仅仅关系到继承人个人的利益，而且也关乎遗产债权人、受遗赠人、遗产酌给请求人等利害关系人的利益，故由继承人独自承担有违公平。如果由利益均沾者共支付，又难以操作，且无此必要，故世界各国的立法都是从遗产中支付遗产费用。

至于丧葬费用，各国均无明文规定。在通常情况下，用遗产支付。但如果继承人为限定继承或抛弃继承，无遗产可支付时，继承人得以其个人固有财产予以支付。笔者认为，关于被继承人的殡葬费是否属于被继承人的个人债务，应当区分两种情况：第一种情况，被继承人死亡时，有应当对被继承人履行法定义务人的，被继承人的法定义务人，对被继承人应当履行生养死葬的义务。当被继承人死亡时，法定义务人殡葬被继承人欠下的债务，是法定义务人履行法定义务欠下的个人债务，应由法定义务人偿还，而不是被继承人的债务。具体来说：第一，家事制度是伦理性文化的体现。继承人作为被继承人的近亲属，在婚姻家庭法上负有扶养被继承人的义务，扶养义务在活着的时候，表现为生活上的照料帮助，提供扶养费赡养费，死亡的时候这个扶养怎么体现呢，就体现为安葬。陈苇教授主持的《当代中国民众继承习惯调查实证研究》统计数据表明：认为丧葬父母是子女义务，丧葬费用应由子女全部负担的被调查者，北京有51.4%，重庆有40.6%，山东有56.8%，武汉有40.7%；认为先用父母财产支付，不足部分子女凑钱负担的被调查者，北京有38.4%，重庆有43.6%，山东有35.3%，武汉有43.8%；认为由父母留下的财产负担的被调查者，北京有7.4%，重庆有8.0%，山东有6.7%，武汉有14.6%。[①] 由此可见，我国民众倾向于丧葬父母是为人子

① 陈苇主持：《当代中国民众继承习惯调查实证研究》，群众出版社2008年版，第107、288、428、521页。

女应尽的义务，应由子女承担丧葬费用的观点。第二，有利于对债权人利益的保护。尽可能避免信用不良现象的产生。第三，有利于在一定程度上促使丧事简化，移风易俗。第二种情况，被继承人死亡时，被继承人没有法定义务人，殡葬被继承人欠下的债务，应当属于被继承人的个人债务，用被继承人的遗产来清偿。

此外，共同继承人之间可能会发生纠纷，可能会发生诉讼，还会发生继承费用就是诉讼费的情况，那么这个诉讼费是属于继承费用，由遗产当中支付呢？还是由继承人来承担呢？我们在司法实务当中的做法是由继承人来承担的，而不是由遗产当中支付的。

（6）关于被扶养人的酌给遗产之债。[①] 许多国家都规定了酌给遗产制度，我国也不例外。但由于此项规定过于笼统，因而其目前在我国的运用和实现程度并不尽如人意，因此有必要对此进行探讨。

被扶养人的酌给遗产之债，是指继承人以外的，依靠被继承人生前扶养，缺乏劳动能力又没有生活来源的人，在被继承人死后，依法可以请求分得适当的遗产。其法律含义如下：

第一，被扶养人的酌给遗产之债的权利主体是继承人以外的与被继承人形成某种扶养关系的人。[②] 义务主体为法定继承人。

---

① 我国《继承法》第 14 条规定："对继承人以外的依靠被继承人扶养的缺乏劳动能力又没有生活来源的人，或者继承人以外的对被继承人扶养较多的人，可以分给他们适当的遗产。"虽然我国关于酌给遗产权利人的规定也以存在"扶养关系"为前提，但其范围与其他国家的规定有较大差异。在笔者看来，遗产酌给请求权主体为继承人以外的受被继承人扶养的，缺乏劳动能力又无生活来源的人。而继承人以外的对被继承人扶养较多的人应为无因管理之债的请求权主体。

② 这里的"继承人"，是指享有继承既得权的实际继承人，包括遗嘱继承人和法定继承人，而并非指享有继承期待权的期待继承人。

第二，被扶养人的酌给遗产之债，因其以法律规定的特定事由的存在而发生且以被继承人的遗产为客体，因而属法定遗产债权。

第三，被扶养人的酌给遗产权的取得是基于扶养关系。

第四，酌分权人取得的遗产份额，法律未予以明确，需在实践中依具体情况而定。

作为法定继承人范围内的被扶养人能够取得酌分遗产请求权必须具备的条件是：

第一，须为被继承人生前持续扶养的人。此构成要件首先强调的是被扶养人有依靠被继承人扶养直到继承开始的事实状态存在。也就是说，被继承人的扶养是被扶养人的主要依靠，这种除被继承人的扶养外，被扶养人别无其他生活依靠的事实状态一直持续到继承开始时。

第二，被扶养人必须具备“双缺乏”条件。即缺乏劳动能力又没有生活来源。受扶养人“缺乏劳动能力”主要有两种情况：一是因为未成年而尚未取得或尚未完全取得劳动能力；二是因为年老、病残等原因丧失或部分丧失劳动能力。“没有生活来源”通常指的是：本人没有收入或收入很低，没有达到当地最低生活保障的标准；没有相当现有财产，即现有财产无法维持生存；无扶养义务人或扶养义务人无力承担扶养义务。符合上述条件的应视为没有生活来源。

缺乏劳动能力和缺乏生活来源这两个条件必须同时具备。法律对此严格限制的理由是：在法定继承中，第一顺序法定继承人除具有法定丧权事由外当然享有继承权，从而取得遗产。唯有第二顺序法定继承人才可能主张酌分权。而在遗嘱继承中，如果第一顺序法定继承人中有未被指定为遗产继承人且完全符合“双缺”条件，那么依照我国“必留份”制度足以保护他的利益，没有赋予其遗产酌分权的必要。因此，无论是在法定继承中还是在遗嘱继承中，属于法定继承人范围内的被扶养人实际上只能为第二顺序法定继承人，而被继承人一般对其不负扶养义务，只有在法律有特殊规定的情形（《婚姻法》第22条、第23条的规定）下才负此义务。

对于被扶养人是否缺乏劳动能力又没有生活来源，原则上应当以继承开始的时间为判断的时间标准。但从被扶养人的酌分权的设立宗旨看，如果在遗产分割时，被扶养人已经获得或恢复劳动能力或已经获得新的生活来源，原则上即不应再享有遗产酌分权。

第三，被扶养人未受相当遗赠。包括两种情况：一是受扶养人未受遗赠；二是受扶养人所受遗赠数额不相当。至于被继承人对受扶养人所为之遗赠是否相当，则应当从受扶养人维持生活的基本需要和被继承人的遗产数额等方面综合考虑，加以确定。

法定继承人以外的被扶养人能够取得酌分权除需要具备以上三个要件外，笔者认为还应有更严格的特殊要求。被扶养人当然需要有依靠被继承人扶养直到继承开始的事实状态的存在，但此种事实状态是否需达到一定的期限，法律是否应有严格界定？由于我国继承法无明文规定，因此，有学者认为："这种扶养是无条件的，并且是不受期限长短的限制的。"① 对此笔者不敢苟同。因为基于上述的分析我们不难发现，在法定继承中主张酌分权的只能是第二顺序的法定继承人，其与被继承人之间存在血缘或扶养关系，即存在法定的权利义务关系，因而其被扶养的事实状态无须时间长短的限制。而法定继承人以外的被扶养人与被继承人

---

① 刘素萍：《继承法》，中国人民大学出版社1988年版，第219页。

之间既无婚姻关系，也无血缘关系或家庭关系，即被继承人对法定继承人以外的被扶养人不负任何法定扶养义务，那么，被继承人在生前尽法定义务以外的义务，在其死后要求其以遗产继续尽“扶养”义务，当法律将这种道德义务上升为法律义务时作必要的时间限制是完全符合法律所追求的公平正义之理念的。同时，由于我国继承法在时间限定环节上很薄弱，这种弹性规定也不利于实际操作，给司法实践带来了很大困难。这会赋予法官过大的自由裁量权，容易导致司法的不统一。因此，笔者建议，“法定继承人以外的被扶养人受扶养的时间应不少于1年”，这样才有利于司法实践的公正。

对于被扶养人酌分遗产的份额，笔者认为，被扶养人的酌分遗产的份额只能是法院根据被继承人遗产的状况、继承人的生活状况、被扶养人受扶养的程度及其年龄、生活状况等综合考量是否给予遗产以及给予多少。

二、遗产债务的清偿顺序

在遗产不足清偿全部债务时，有可能出现遗产债务的清偿顺序的问题。遗产债务的清偿顺序对继承关系的各方当事人的利益有重要的影响，因此要综合考虑遗产债务的性质，以及法律确认该债务的目的等因素来确定清偿顺序的先后。

（一）外国之遗产债务清偿顺序制度

基于立法传统及现实情况，大陆法系和英美法系国家或地区在遗产债务清偿顺序的制度设计上，体现出了不同的立法理念和思想。

1. 大陆法系遗产债务清偿顺序的立法要点

（1）贯彻保护弱者的人权原则。在西方，“人权是指一个人作为人所享有或应享有的基本权利”，是人类社会最高形式和最普遍性的权利。[①] 它是不可让渡和不可剥夺的，否则，“人”就不成其为人。“以人为本”就要尊重和保障人的一切权利，就要关注那些底层、弱势的人，即“国家要对国民最低限度的像人那样的生活实施保障”。[②] 因此，在债务清偿顺序的设定过程中，当权利发生冲突时，应当遵循人权的理念予以协调。

（2）兼顾公平与效率。遗产债务的清偿顺序，就其价值角度而言，存在公平与效率的冲突问题。法律赋予某些特殊债权以优先权，是因为这些特殊债权的债权人与债务人之间原本存在某些特殊的社会关系，法律认为，对这类特殊的社会关系加以特别保护，是实现实质性的公平与平等的需要。但优先权的实现往往是以牺牲其他债权为代价的，因此，遗产债务清偿顺序的确定，应兼顾效率与公平的统一，优先权的种类应当法定，且权利的行使方式还应受到法定的限制。

（3）遗产债务的种类条块分割，顺序安排统一。遗产债务的顺序安排一般是直接依据遗产债务中的传统分类而展开，而这一分类下的债务类型的跨度是否适合编排顺序则在所不问。

2. 大陆法系遗产债务清偿顺序之特色

通过各国相关立法的比较可以看出，遗产债务一般按以下顺序清偿：

（1）继承开始后产生的债务。如前所述，继承开始后产生的债务通常为继承费用，继承费用是继承所必需的费用，它的支付不仅是为了继承人的利益，而且也是为了遗产债权人的利益，所以应当优先支付。

---

① 张文显：《法理学》，高等教育出版社 2018 年版，第 103 页。

② ［日］大须贺明：《生存权论》，法律出版社 2001 年版，第 8 页。

（2）继承开始前产生的债务，即被继承人生前所欠的债务。被继承人生前所欠的债务可以分为私法上的债务和公法上的债务。前者是平等主体之间的债权债务关系，如合同之债、侵权之债、无因管理之债和不当得利之债等；后者是涉及公共利益的债务，如被继承人所欠的税款、罚款等。一般来说，公法上的债务要优先于私法上的债务受偿（如前述美国佐治亚州新遗嘱检验法典中关于清偿顺序的规定），之所以这样规定，是因为公法上的债务涉及社会公共利益，属于强行性的规定，先于私法上的权利义务行使。

（3）继承开始时产生的债务。继承开始时产生的债务，包括遗产酌给债务、特留份债务和遗赠债务。其中这三者的顺序是遗产酌给债务优先于特留份债务，特留份债务又优先于遗赠债务。因为继承开始时产生的债务与继承开始前产生的债务相比成立在后，而且继承开始前产生的债务一般都是有对价的或者涉及公共利益的，对于那些被继承人与继承人之间无对价的债权债务关系也可以通过“归扣”制度进行平衡。而且将遗赠债务放在最后进行清偿，是因为各国一致规定无论有限责任继承还是无限责任继承，继承人都只以遗产为限执行遗赠义务。[①]

3. 英美法系遗产债务清偿之顺序

由于英美法系国家主要实行遗产间接继承制度，由遗产代理人负责清偿债务，因此，其遗产债务责任通常都由遗产代理人承担。为了避免遗产代理人承担过重的责任，美国、英国规定了公告和债权申报程序，被继承人死亡后，由法院或遗产代理人进行公告，要求债权人在规定的期限内申报债权，遗产代理人仅对规

---

① 杜江涌：《解读与重构：继承中的财产移转机制研究——以“和谐社会”理念为视角》，载《云南行政学院学报》2006年第3期。

定期限内提出请求的债权人承担责任。就公告程序或公示方式而言，如前所述，各国略有不同，但功能是一致的。

（二）我国遗产债务清偿顺序制度

《继承法》第 33 条规定：继承遗产应当清偿被继承人依法应当缴纳的税款和债务，缴纳税款和清偿债务以他的遗产实际价值为限。超过遗产实际价值部分，继承人自愿偿还的不在此限。继承人放弃继承的，对被继承人依法应当缴纳的税款和债务可以不负偿还责任。

第 34 条规定：执行遗赠不得妨碍清偿遗赠人依法应当缴纳的税款和债务。因此，在处理遗产时，应首先清偿被继承人的债务，清偿债务后剩余的遗产，才可以执行遗赠。[①]

《继承法意见》第 61 条规定：继承人中有缺乏劳动能力又没有生活来源的人，即使遗产不足清偿债务，也应为其保留适当遗产，然后再按《继承法》第 33 条和《民事诉讼法》第 180 条的规定清偿债务。

在司法实务中，根据《继承法》第 33 条和《民事诉讼法》第 204 条的规定来看，对遗产债务的清偿顺序为：第一顺序是被继承人生前所欠他人的工资和劳保费用；第二顺序是被继承人生前所欠的国家税款；第三顺序是普通债权；最后为遗赠之债。

（三）我国遗产债务清偿顺序制度之重构

1. 遗产债务清偿顺序之制度设计

第一顺序：共益费用；

第二顺序：确为维持生存所需要的特留份、酌给遗产；

---

① 必须指出的是，清偿被继承人债务优先于执行遗赠的原则，应只适用于遗嘱中的遗赠，而不应适用于遗赠扶养协议中的“遗赠”。

第三顺序：遗赠扶养协议之债；

第四顺序：劳动债权；

第五顺序：死者生前所欠的第三、第四顺序以外的债务；

第六顺序：遗赠。

2. 确定遗产债务清偿顺序的原则

（1）“共益费用”随时清偿原则。在继承关系中，为了分配遗产，在其发生过程中产生一些费用与支出，如制作遗产目录的费用、因遗产分配所生之诉讼费用、遗产管理人的报酬等，这些费用都是为了全体遗产债权人的共同利益所支出的，因而其实质是“共益费用”。其本质与破产法上的共益费用是一样的。各国法对共益费用的一般做法是：“由破产财产随时支付。”例如，《日本破产法》第49条规定：“财团债权无须依破产程序，得随时清偿。”具体而言：

①不按破产分配方案受偿，以示其与破产债权的区别。

②具有强制执行力。当破产管理人不为共益费用的偿还时，权利人可申请法院为强制执行。

③对共益费用的清偿应通过破产管理人，而破产管理人承认与清偿共益费用的，应经法院或监督人同意。在日本民法典上，共益费用权利人对于债务人的总财产享有先取特权。类推适用，在继承过程中所生之共益费用亦应由遗产随时支付，并且应优于一般债权而获清偿。

（2）最必要性原则。生存权是最基本的人权。一个人死后，他的遗产应当首先用于解决依靠死者生活且没有生活来源的继承人的生活之所必需。也就是说，如果继承人中有缺乏劳动能力又无生活来源的人，即使积极财产不足以折抵消极财产时，也应为其保留适当的财产。因为人的基本生活保障应当放在最优先的位置。史尚宽先生精辟地指出：“向被继承人受扶养者，固定得因特留份之享有而不再需要扶养，其期待依财产以生活者，亦得因特留份之取得而为能力之社会一员，此莫不直接或间接的为社会全体之利益。”① 此外，从实际出发，我国是一个社会保障体系颇为滞后的国家，社会保障水平较低，尤其对于广大农民缺乏有效的社会保障机制。故我们应充分发挥家庭的保障功能。

（3）先有偿后无偿原则。“债的信用结合有偿，使财富通过交易而营资本之功能。”② 相对地，在资源稀缺之前提下，无偿只能作为例外。而同时，虽同为交换正义的体现，因侵害引起对损失的赔偿责任是非自愿的交换，又较因合同引起的自愿的债务更有实现的必要。③

3. 确定遗产债务清偿顺序之立法理由

（1）关于共益费用。从被继承人死亡时起，到遗产分配完为止，必然要发生对遗产的清点、保管、处理等问题。在此期间，为保障遗产的顺利分割而做出的努力，对所有的遗产应得人都有利，对于这些公共费用的开支，理应在遗产中首先扣除。

（2）关于确为维持生存所需要的特留份、酌给遗产 。

①确为维持生存所需要的特留份。将特留份之债排在第二位，理由如下：其一，作为法定继承人，如果在被继承人未死亡之前，失去劳动能力又没有生活来源，被继承人对他有抚养义务，在他死后，这种义务可以免除，但如果被继承人留有遗产，也应当为他们保留适当的份额，以维持其正常的生活需要，这于法于理，都无可厚非；其二，生存权是最基本的人权，即使遗产不足以清偿税款和债务，也应当为其保留适当的份额，以维持其

---

① 史尚宽：《继承法论》，荣泰印书馆 1966 年版，第 555 页。

② 林城二：《民法理论与问题研究》，中国政法大学出版社 2000 年版，第 139 页。

③ 张力、张红梅：《论遗产债务清偿的顺序》，载《法论》2001 年第 4 期。

生存需要。

②确为维持生存所需要的酌给遗产。如前所述，此处的酌给遗产是指继承人以外的，依靠被继承人生前扶养，缺乏劳动能力又没有生活来源的人，在被继承人死后，依法可以请求分得适当的遗产。

根据我国宪法之规定，公民在年老、疾病或者丧失劳动能力时，国家应该给予物质帮助。被继承人在生前出于道义扶养了继承人以外的，缺乏劳动能力又没有生活来源的人，是值得提倡的。同时也体现了被继承人的生前意愿。

（3）关于遗赠扶养协议之债。遗赠扶养协议的双方当事人是在平等自愿的基础上经过协商，在意思表示一致的基础上签订协议的。在遗赠扶养协议中，遗赠人和扶养人相互享有权利的同时又都相互负有义务，且双方当事人在从对方获得权益时都支付了相应的代价，因此，遗赠扶养协议是双务、有偿性质的双方法律行为。此外，虽然遗赠扶养协议中所规定的遗赠财产转移要到遗赠人死亡时才能实现，但是，协议一经签订，遗赠扶养协议中的扶养部分，即扶养人在协议中承担的对遗赠人生养死葬义务那一部分内容，则在协议达成之后、遗赠人生存时就要履行。故遗赠扶养协议之债应先于其他债务履行。

（4）关于劳动债权。劳动债权，是指雇员基于劳动关系而对雇主所享有的各种请求权的总和。劳动债权在性质上仍然属于普通债权，但从保护劳动者和维护人权的需要考虑，有必要使劳动债权优先于一般债权受偿。

（5）死者生前所欠的第三、第四顺序以外的债务。这一顺位的债务，主要包括无因管理之债、普通债务和死者生前所欠的税款等以国家财政为后盾的债务。

①关于无因管理之债。无因管理是这样的行为：“对于他人

事务，并无加以干涉之权利或义务，然吾人相倚互助，以防止他人之损害或增进他人之利益，自社会利益之意，为应奖励之事，管理事物之制度，即基于此理想而建立，于保护本人利益之中，寓有适合社会利益之事。”① 无因管理从法律价值上看，体现了公平正义的法律精神，反映出社会对于维护公序良俗行为的赞许。

但是，在各国关于无因管理的法律中，并没有规定管理人得向本人请求补偿的权利，导致在司法实践中的适用也不尽如人意。② 我国法学界也同样如此，究其深层原因：一方面是立法的不完善，我国《民法总则》第 121 条规定：“没有法定的或者约定的义务，为避免他人利益受损失而进行管理的人，有权请求受益人偿还由此支出的必要费用。”而《继承法》也只在第 14 条规定，继承人以外的对被继承人扶养较多的人，可以分给他们适当的遗产。另一方面还存在社会伦理道德观念上的障碍。我国公民道德对所谓的“施恩图报”行为非常藐视，认为它与我国“助人为乐”的优良传统是背道而驰的。这种观念，使得无因管理人即使因实施管理行为而遭受损失也不愿意诉诸法律，害怕被别人蔑视，以致其蒙受损失的合法权益无法得到合理的补偿。这样势必会导致当今社会无因管理行为的减少。

要保护好管理人的利益，首先应当从完善立法入手。立法中必须将受益人的补偿责任明确规定下来，而不应模棱两可地用“可以给予适当补偿”来解决受益人的责任问题。

②关于一般债务和以国家财政为后盾的债务。《继承法》第 33 条规定，继承遗产应当清偿被继承人依法应当缴纳的税款和债务，缴纳税款和清偿债务以他的遗产实际价值为限。税款和债务

---

① 史尚宽：《民法总论》，中国政法大学出版社 2000 年版，第 56 页。

② 李滇：《浅议无因管理之债的价值与救济》，载《东岳论坛》2003 年第 6 期。

孰优先孰滞后？笔者认为应处于同一序列。原因有二：第一，国家机关及某些国有法人以国家财政为后盾，与孤立的私人债权人相比较而言，它们理所当然应有所谦让，而不应鼓励它们与个人争利，造成公权与私权竞争的假象。第二，现代许多发达国家已将税款改为一般破产债权，其主要考虑到："税收债权往往数额较大，一旦列为优先权，将使得其他破产债权难以得到清偿和分配，故从保护一般债权人利益出发，应将之列为一般破产债权。""没有任何迹象表明对税收优先权的废除会影响国库的收入。相反，却有许多债权人被迫放弃他们合理正当的请求权，以便使政府能得到优先受偿。"①

（6）关于遗赠。遗赠为无对价的负债，且死者遗留的积极财产在性质上为死者生前债务的担保，故偿还死者生前所欠的债务和生前所欠的税款、罚金等，应优先于遗赠之债，否则不仅与继承法确定的宗旨不符，而且可能因被继承人的单方意志，而使其他债权人的利益受到损害。②

三、遗产破产制度

（一）破产能力之发端

在远古，债权人自力救济盛行而且一般采取人身执行为主的方式。罗马建国 440 年以后，财产执行制度逐渐建立并获得发展。财产执行之方法采取委付财产的方式。法官可依债权人之请求，发给管财命令，允许债权人占有债务人之全部财产。管财命令应当公布，其他债权人可参加管理债务人的财产，并获得分配。此种制度即为后世破产制度之起源。此处管财命令即相当于

---

① 李永军：《破产法律制度》，中国法制出版社 2000 年版，第 204、334 页。

② 蓝承烈：《民法专题研究与应用》，群众出版社 2002 年版，第 453 页。

今日破产宣告，债务人已经获取类似破产能力之资格。

英国在制定成文的破产法以前，法律任凭债权人扣押债务人的财产甚至拘禁债务人。1542 年亨利八世颁布《破产条例》，该法规定，凡不能清偿债务而有欺诈行为者，无论是否商人，皆适用该法。自此，英国采用商人破产主义。随着时代演进，1914 年的《破产法》适用于自然人破产，而法人破产则适用《公司法》规定。1986 年英国颁布《无力偿债法》，将《破产法》的自然人破产与 1985 年《公司法》中的法人破产合为一体。英国对自然人破产能力问题经历了由一般破产主义到商人破产主义再到一般破产主义的转变。美国 1800 年第一部《联邦破产法》仅适用于商人，1841 年第二部《联邦破产法》则建立了非商人的破产程序并采用保护债务人的政策，以后亦同。1807 年《法国商法典》为商人破产主义之代表。商人破产主义认为依商法规定而为商行为的自然人才有破产能力，其他的自然人不具备此种能力。商人破产主义立法多将破产纳入商法典，以今天的意大利、比利时为典型。商人破产主义立法例在 20 世纪后发生很大变化，破产法适用开始向非商人拓展。但是，对于自然人的适用仍然非常严格，非商人的法人实体或许可以适用破产法，而非商人的自然人却仍被排除于适用破产法之外。值得注意的是，法国 1967 年修订《破产法》，制定了个人破产程序，从而改商人破产主义为一般破产主义，将破产制度适用于一般自然人。

在制定有个人破产制度的成文法国家中，遗产破产是个人破产的重要组成部分。例如，《法国破产法》第 16 条（1988 年 12 月 30 日第—1202 号法律）规定，商人、手工业者或者农业生产者在停止支付状态下去世的，在其死亡之日起 1 年内，法庭应继承人的申报或者债权人的申请立案受理遗产破产。法庭也可以在相同期限内依职权或者检察官的申请，在听取已知的继承人意见后或者依法进行传唤后立案受理遗产破产。日本《破产法》第129条规定，不能以继承财产清偿被继承人的债权人及受遗赠人的债务时，法院因申请可以裁定宣告破产。对继承财产有破产申请权的人包括：债权人、继承人、遗产管理人以及遗嘱执行人。英国《破产法》第130条规定，死亡债务人的任何债权人，于债务人生前足以对其提出破产申请的，得依破产法的规定申请破产法院对遗产适用破产程序。在德国民法典及其破产法的规定中，设有"暂定遗产管理人"，这是在继承事件未确定时，法院应继承人申请所指定的遗产管理人，以便同确定继承时指定的遗产管理人相区别，这种暂定遗产管理人即有破产申请权。

（二）遗产破产之界定

所谓遗产破产，是指被继承人死亡后，若其遗产不足以清偿所欠债务，并且也无继承人继承遗产，或者虽有继承人，但继承人仅为限定继承或全体抛弃继承，或者未抛弃继承的继承人全体均有破产原因，经债权人、继承人、遗产管理人及对遗产有管理权的遗嘱执行人的申请，由法院针对遗产所宣告的破产。

1. 遗产破产与自然人破产的比较

学理上对遗产破产中的破产主体有被继承人说、继承人说、分别说、遗产本身说四种主要观点。[①] "遗产本身说"一般为通说，因为破产宣告的法律后果只及于死者及其生前未获清偿的债权人，在死者不再具有法律关系主体资格的情况下，破产申请人通常被认为拥有相当于代理人或利害关系人的法律地位。另外，遗产破产的破产主体即遗产本身仅具有形式上的法律地位，因而

① R. Dworkin, Taking rights seriously (revised edition), Harvard university press pp. 272 – 273.

同自然人的破产相比在程序设计上呈现出不同特征：

(1) 破产原因不同。遗产的破产原因为“债务超过”，[①] 即将其财产总额与债务总额作简单比较，而不是如同自然人那样以“支付不能”为破产原因，后者除资产与负债的比较外，还考虑信誉、技术、能力等“软件”因素。

(2) 申请权人不同。自然人破产的申请权人一般仅包括债务人和债权人两方，而遗产破产的申请权人则以多元化为特征，但同时债务人因其死亡而不具有破产申请权。

(3) 债权人申请破产所受限制不同。在自然人的破产程序中，只要债权人的债权不逾诉讼时效则一概有破产申请权，而在遗产破产中，债权人的破产申请受有一定的期限限制。例如，《德国破产法》第 220 条规定：“继承接受两年后，遗产债权人无权为破产宣告的申请。”

(4) 财团债务的法定范围不同。自然人破产中的财团债务一般仅包括破产费用和破产程序中所产生的债务及其他耗费，而遗产破产中的财团债务则要宽泛得多，除前者外，还包括合乎被继承人身份的丧葬费等。

(5) 和解能力不同。自然人除破产能力外还有申请和解的能力和资格，但遗产破产则仅具破产能力而无和解能力。例如，日本 1922 年《和议法》第 12 条第 2 项规定：“遗产不得为和议开始之申请。”但是，1935 年《德国和解法》则明文规定遗产有和解能力，其《破产法》第 230 条也有相同规定。德国立法例与和

---

① 在遗产债务总额确定的时候，应把所有的债务，不论是否已届清偿期、不论所附条件是否已成就，均计算在内。原因在于，被继承人死亡以后，遗产债权人权益的实现与否全在遗产。此时，如果遗产不足以清偿所有的债务，而未到期的（所附条件未成就的）债权与到期的（所附条件已成就的）债权又不能得到一起清偿，其就有可能失去保障，这样对这些债权人显然不公平。

解预防破产，争取复苏的立法目的是否相悖，学界还有不同意见，笔者认为此非设立遗产破产制度的目的，由谁来承担和解整顿的责任也是难题。当然，如果债权人委员会协议联手整顿，也不失为解决问题的方法。

（6）免责与复权不同。自然人破产之后是否免责受制于立法者的政策选择，但遗产破产则除免责外别无选择。复权也是如此。自然人的破产有所谓资格限制、权利限制或人格破产的问题，复权制度因而成为必要；对遗产破产而言则不存在此类问题。这是由债务的相对性决定的。债务人（被继承人）死亡后，其所负债务应由其个人遗产承担，遗产破产也只能以其个人财产为限进行分配，继承人本身并不负偿还义务。

2. 遗产破产与法人破产的比较

（1）破产原因不同。如上文所述，遗产的破产原因为“债务超过”；对于法人而言，除“债务超过”外，“支付不能”也被认为是破产的原因。

（2）主体身份的取得不同。遗产和法人在破产法上的主体地位都是法律拟制的结果，但是，遗产破产中遗产本身作为破产主体基本上是从民事程序的角度出发来设计的，而法人权利主体身份的获得则是从实体法上拟制的。

（3）和解能力不同。遗产破产无和解能力；自然人及私法人有和解能力，至于公法人，其私益色彩浓厚者，应认为具有和解能力。

（4）整顿制度的适用不同。在预防破产的制度体系中，除首先出现的和解制度外，继而在19世纪末20世纪初又出现一种所谓整顿制度。整顿制度体系的建立和完善已经成为法人破产法发展的普遍趋势，但是，整顿制度却不适用于遗产破产。

（三）遗产破产能力之功效

通说认为，继承法律关系的客体是遗产。但是，对于继承的遗产的所有权何时转移则仁智各见："死亡说"认为遗产所有权从被继承人死亡时开始转移，"分割说"认为遗产所有权从遗产分割时开始转移。进一步分析，我们会发现，依"死亡说"之观点，意味着不存在遗产的问题或者说遗产只存在于观念之上。因为，如果遗产所有权从被继承人死亡时开始转移，则在其死亡之前不存在遗产，在其死亡之后，继承人分割的是属于自己所有的财产，也非遗产。依"分割说"之观点，意味着在被继承人死亡后遗产分割之前，遗产处于"无主"状态，如果按现行法律之规定，该遗产要么归属于国家、集体，要么根据先占原则取得所有权，这显然不符合继承的客观事实。

基于上述分析，如果把遗产定性为客体，将会产生理论逻辑上的矛盾，使分割之前的遗产不能很好地得到保护，同时也不能很好地保护死者的继承人和债权人的利益。如果把遗产拟制为法律上的人格，则能够很好地解决上述缺憾。遗产取得法律人格，承认遗产作为主体，赋予其应有的民事权利能力和民事行为能力，可以通过管理人分割遗产、清理债权债务，不仅能够维护死者的真实意思，同时，还可以更好地保护遗产上所产生的继承人、受遗赠人以及其他债权人的利益。尤其是在遗产不能清偿死者生前债务的情况下，把遗产作为主体，立法赋予其破产能力，这对于保护继承人以及债权人的利益就显得尤为重要。

（四）我国遗产破产制度之构建

1. 遗产破产之制度设计

遗产破产的主体是遗产。遗产作为非法人财团，破产时遗产仅具有形式上的法律地位。[①]

---

① 付翠英：《破产法比较研究》，中国人民公安大学出版社 2004 年版，第 131 页。

遗产破产的原因是债务超过。

遗产破产的申请主体为死者的债权人、继承人，或遗产清理人、管理人。[①]

遗产破产的目的是进行财产清算。

遗产破产的破产财产的范围为属于遗产的一切财产。

遗产破产的破产债权的范围：

（1）被继承人生前成立的无财产担保的债权；

（2）被继承人生前成立的有财产担保的债权，其数额超过担保价额的未受清偿部分；

（3）遗产破产宣告时未到期的债权；

（4）被继承人生前未支付的，有强制执行效力的罚金、罚款、违约金、赔偿金等；

（5）遗赠扶养协议之债；

（6）其他债权。

收到法院通知的债权人，其债权申报期限为收到通知后一个月内，未收到通知的债权人，其债权申报期限为公告之日起三个月内。

遗产破产的受理。

（1）管辖法院。有管辖权的法院应为被继承人住所地的基层人民法院或主要遗产所在地的基层人民法院。

（2）受理的效果。

①自遗产破产案件受理之日起，继承人（遗产清理人、遗产管理人）承担以下义务：遗产保全义务、说明义务、提交义务；不对个别债权人清偿的义务。

---

① 继承人、遗产清理人、遗产管理人不是真正的债务人，但是他们管理债务人的财产，并依法享有处分权，因此在学理上被称为准债务人。

②自遗产破产案件受理之日起，自动冻结遗产债权人的个别追索行为。

清偿行为的无效。被继承人死亡前三个月至破产宣告之日，被继承人的无偿或恶意处分行为无效。

2. 遗产破产制度设计之依据

(1) 关于遗产破产的主体。遗产具有破产能力表明遗产不再是权利、义务的客体，而是作为主体。既然是主体，法律必须确认其应有的地位。从民事主体范围考虑，除了自然人、法人之外，非法人组织作为民事主体已经是不可争议的事实。对于非法人组织，一般都是指不具备法人资格的人的集合体。遗产作为财产的集合体，与财团法人相似，但遗产又无法达到财团法人的设立条件，如财产必须达到一定数额、必须进行登记等。遗产作为死者的财产，需要从夫妻共有财产、家庭共有财产中进行分割，并且这些遗产又作为亲属寄托感情的载体，数量又不等，其目的仅仅是分割。由于这些因素的存在，无法使遗产等同于财团法人。对遗产的管理可以使用财团法人的管理方法，但不能确认其为财团法人。如果还要明确遗产的主体地位的话，可直接定位为非财团法人。

(2) 关于遗产破产的原因。债务超过，又被称为资不抵债，是指遗产债务总额超过遗产总额。债务超过是遗产破产的原因，并且是唯一的原因。究其缘由乃在于遗产具有固定性，在继承开始后到破产宣告时止，其范围一般总是确定的。

(3) 关于遗产破产的申请主体。

①死者的继承人在遗产出现不能清偿债务的情形时，可以申请遗产破产。

继承人申请遗产破产的应符合：其一，该继承人没有放弃继承也未丧失继承权；其二，被继承人所遗留的财产债权不足以偿付其所负的有效债务（包括到期债务和未到期债务）；其三，对上述支付能力状况，申请人应提供证据证明；其四，以书面形式提出申请。

②遗产清理人、管理人有权对遗产进行管理和处分，在遗产出现不能清偿债务的情形时，可以申请遗产破产。

遗产清理人、管理人申请遗产破产的应符合：其一，被继承人所遗留的财产债权不足以偿付其所负的有效债务（包括到期债务和未到期债务）；其二，对上述支付能力状况，申请人应提供证据证明；其三，以书面形式提出申请。

③债务人（被继承人）死后，遗产债权人可以直接对遗产提出破产。

遗产债权人申请遗产破产的应符合：其一，有证据证明被继承人的经济状况恶化或有证据证明继承人、遗产管理人有损害债权人利益的行为；其二，债权人可以自己提出申请也可以由他人代理申请；其三，申请人以书面形式提出申请。

在前面的论述中我们已经提到，债权人、继承人和遗产管理人均有权申请遗产破产。继承人和遗产管理人申请破产是法律赋予的一种特权，因为在一般民事诉讼程序上，继承人和遗产管理人是不能对自己提起诉讼的。法律之所以规定继承人和遗产管理人可以提起破产申请，是因为他们较为了解遗产的负债情况，在资不抵债的情况下，及时提出破产申请，能够避免损失的进一步扩大，有利于债权人利益的保护。但是，法律赋予继承人和遗产管理人的这种特权，在现实生活中，不可避免地要被继承人和遗产管理人利用，当遗产负债累累，继承人和遗产管理人会在时机成熟的时候主动申请破产，借以摆脱沉重的债务负担。对于此种情况，法律上如何补救，国外的做法值得我们借鉴：首先，规定继承人和遗产管理人有申请破产的义务，而不是申请破产的权利。因为规定其有申请破产的义务则意味着一旦达到了法律规定的界限就必须主动申请破产，这样做可以较好地保护债权人的利益。其次，全面规定破产犯罪问题。通过加强破产犯罪的规定，避免利用破产制度损害债权人利益情形的发生。

（4）关于遗产破产的目的。由于债务人死亡后才发生遗产破产，其破产原因又是债务超过，因此，遗产破产不存在自然人破产或法人破产中的破产人再生的问题，遗产破产的目的是唯一的，即破产清算。

（5）关于遗产破产的破产财产的范围。破产财产，是指破产宣告时为破产人所有，依破产程序在债权人之间进行分配的全部财产。对于遗产破产的破产财产的范围而言，通常认为，以属于遗产的一切财产为破产财产。此处所谓的“一切财产”并不限于继承开始时的财产，在继承开始后宣告破产前，继承人、遗产管理人等由于管理和处分遗产而生的权利也应当计算在总额内。

（6）关于遗产破产的破产债权的范围。

①被继承人生前成立的无财产担保的债权。无财产担保的债权，又称为普通债权，是指债权人在设立债权时，没有要求债务人以其特定的财产作为履行债务的担保的债权。

②被继承人生前成立的有财产担保的债权，其数额超过担保价额的未受清偿部分。该部分为普通债权。

③遗产破产宣告时未到期的债权。这种债权视为已到期，因为若等到期限届至，债务人的财产会被其他债权人分配完毕，该债权人因此而索债无门，不免有失公平。所以，未到期的债权应作为破产债权，但应减去未到期的利息。盖因利息因时间作用而产生，破产宣告后，债务人不可能继续使用本金，故不应支付未到期的利息。

④被继承人生前未支付的，有强制执行效力的罚金、罚款、违约金、赔偿金等。被继承人生前因触犯我国相关法律而被科以的经济处罚，是国家对破产人违法犯罪行为的追究，是其对社会应承担的法律责任。债务人不能因为自己死亡和破产而推卸这种责任，故应列入破产债权。

⑤遗赠扶养协议之债。所谓遗赠扶养协议，是指遗赠人与扶养人签订的，由遗赠人遗赠个人财产给扶养人所有，扶养人承担遗赠人生养死葬义务的协议。在该债权债务关系中，对价表现为对债务人生前的扶养和债权人对债务人死后遗产的获得，其符合普通债权的特征，所以应当被列为破产债权。

⑥其他债权。该条属于兜底性规定，目的在于查遗补漏，适应不断变动的现实需要。

关于债权申报期限的规定，采用了现行《破产法》的设计，以保证法之间的统一。

（7）关于遗产破产的受理。

①管辖法院。为保持部门法之间制度设计的统一，适用了《民事诉讼法》有关专属管辖的规定。

②受理的效果。法院受理遗产破产申请，意味着破产程序的开始。破产程序开始后，破产财产进入保全状态，遗产债权人的权利行使也受到约束。具体来说，发生以下效果：

第一，对继承人（遗产清理人、遗产管理人）的约束。自遗产破产案件受理之日起，继承人（遗产清理人、遗产管理人）承担以下义务：遗产保全义务、说明义务、提交义务。保全债务人的财产和掌握债务人在财务、经营和其他有关方面的信息，是人民法院审理遗产破产案件和债权人行使权利的重要条件。因此，保护和移交财产、如实说明有关情况和完整、真实提交有关材料，是继承人（遗产清理人、遗产管理人）在破产制度上的重要义务。

不对个别债权人清偿的义务。遗产破产程序开始后，未经人民法院许可，继承人（遗产清理人、遗产管理人）不得对个别遗产债权人清偿债务，也不得以破产财产设立新的担保。

第二，对遗产债权人的约束。遗产破产程序的一个重要任务，就是维护债权人集体受偿的秩序。因此，破产程序开始的一个重要效果，就是自遗产破产案件受理之日起，自动冻结遗产债权人的个别追索行为。具体表现为以下三项规定：其一，遗产破产案件受理后，遗产债权人只能通过遗产破产程序行使权利，其不得个别追索债务，也不能向人民法院提起新的民事诉讼；其二，有财产担保的遗产债权人，在破产案件受理后至破产宣告前的期间，未经人民法院准许，不得行使优先权；其三，被继承人生前的开户银行，不得扣划其既存款抵还债款。

（8）关于清偿行为的无效。人民法院受理破产案件后，对被继承人财产的民事执行程序中止，继承人对部分债权人的清偿无效，各债权人只能通过破产还债程序按比例提请清偿；另外，公民死亡，被宣告破产后，死亡公民生前一定时期内某些处分自己财产的行为无效。企业法人破产法规定的期限是人民法院受理破产案件前六个月至破产宣告之日这段时期。对于遗产破产应稍短些，以被继承人死亡前三个月至破产宣告之日为宜。因为，被继承人生前恶意处分自己的财产是基于其意识到自己将不久于人世这一点，而其这种预见能力是有一定限度的。某些处分自己财产的行为指下列行为：

①无偿转让其财产；

②放弃自己的债权；

③对未到期的债务提前清偿；

④对到期的数个债务，只清偿了部分债权人的债务；

⑤隐匿或者无偿转让财产。

四、“父债子偿”之解读

（一）“父债子偿”观念产生之根源

1. 宗法社会与封建等级制度之下实行强制的宗祧继承制度是“父债子偿”观念产生的制度根源

中国古代社会最典型的特征是宗法性，以血缘关系为基础的宗族或家族为基本单位，家族之下又由数个小家庭组成。在继承上，实行宗祧继承制度。“宗”代表祖先、祖庙，“祧”为远祖之庙，“宗祧”二字即为祖先和宗庙之意思，宗祧继承即代表着祭祀权之继承。宗祧继承延伸至政治领域表现为政治身份之继承，如爵位继承；延伸至社会生活领域，表现为家长身份之继承。宗祧继承以身份继承为主，财产仅仅是身份附属品而已。嫡长子具有宗祧继承之权，在家族日常生活中主要表现为家长权之继承。古代社会，家族成员同居共财表现为一种常态，家长掌握家族所有财产，而子孙无私有财产，其生活依靠家族。理所当然，子孙并不能对家族之财产进行处分，其财产之需应通过家长才能得以满足。这印证了“无财产，即无人格”之理论，在外界看来，子孙并无独立之人格，其人格依附于家族之中，其对外之负债由家长为其解决。从另一个方面看，家长掌握家族之财产，支配整个家族之日常事务，掌握决定权，对外代表着整个家族或家庭，其对外负债当然以整个家族的财产为担保。在家长去世之后，其子孙继承其家长地位，掌控、管理家族财产，并处理家族各种事务。

在古代宗祧继承制度之下，继承对于继承人来说不仅是一项权利，也是一项义务，有继承权之继承人必须继承，不能放弃，换言之，宗祧继承是强制性继承，继承人并无选择权。嫡长子在继承之后，当然地享有家长权以及对家族财产的支配权，系前任家长（通常为其父亲）人格的延续，也应当然承担前任家长对外所负之债务，这就是我们通常所说的“父债子偿”。

古代中国社会以男子为中心，父母在时，父为家长。儿子才有继承之权利，女子无继承权，即使后来法律规定女子有一定的财产继承权，但女子绝不可能继承家长之身份，因此被继承人为“父”，继承人为“子”，从而免除了“女儿”的清偿义务。

实质上，“父债子偿”是中国古代社会同居共财状态下宗祧继承制度的必然产物，系古代经济、社会、文化的综合产物，并在法律上得到认可，以至人们最终形成“父债子偿，天经地义”的观念。

2. “熟人社会”中的“家族信任”是“父债子偿”观念产生的社会根源

古代社会系熟人社会。在通常情况下，债权人愿意将钱财借与某人，并不是基于对个人的信任，而是基于对整个家族的信任。“父债子偿”之观念使债权人之债权得到充分保证，构筑了当时朴素的信用机制，保护了债权人之利益，从而在某种程度上稳定了社会经济生活。

3. 孝之观念巩固了“父债子偿”

“‘孝’是中华民族绵延几千年的共同精神，也是历代法律贯穿始终的法律原则。‘孝’的观念最初起源于人们对父母的养育之恩的情感和回报心理，它至迟在西周就已存在。”[①]《诗经》中的这一段话淋漓尽致地表达了此种情感：“哀哀父母，生我劬劳……无父何怙，无母何恃！父兮生我，母兮鞠我。拊我畜我，长我育

① 金眉：《唐代婚姻家庭继承法研究——兼与西方法比较》，中国政法大学出版社2009年版，第213页。

我，顾我复我，出入腹我。欲报之德，昊天罔极！”孔子将西周之孝德发展为孝道，并成为儒家伦理道德之核心，受到统治者的推崇。中国古代子女对父母之孝道表现为父母在世时奉养遵从，父母死后葬之以礼，并对其加以祭祀。由于受“孝”原则之影响，即使先父对外之负债实际上并非为整个家族之需，系为其个人私欲而对外负债累累，子女为保其父之名誉避免其死后为外人所指责和侮辱，都会承担其先父对外之债务。“父债子偿”成为对父母尽孝的表现之一，孝之观念进一步巩固和加强了“父债子偿”。

（二）“父债子偿”在当今社会的认可度

即使在当今社会，仍有多数民众认可“父债子偿”的传统观念，这一方面在于民众的法律意识不够高，但另一方面更多地表现为人们朴素的信誉观念，也表现了人们仍愿意付出代价以维护死去父母之尊严与人格。从现代意义上讲，“父债子偿”系另类形式的信用体制，稳定了经济生活，系为债权人提供了可信的担保，保障债权顺利实现，是一个家庭诚实信用的体现。

（三）限定继承与中国传统社会

从上文阐述可知，“父债子偿”系古代社会强制性的概括继承的通俗表示，继承系继承人之义务和责任，继承人必须无条件地继承被继承人之一切财产和一切债务。而现代继承制度下的限定继承，仅要求继承人在遗产范围内清偿被继承人之债务，继承人仅负有限责任，保护了继承人之利益。

从强制性的概括继承到限定继承的发展是由经济条件所决定的。古代社会在以自然经济为主，具有封闭性和保守性的条件下，家族才能得到稳固发展，个人依附于家，无独立之人格，只有家长才具有财产所有权，具有独立人格。随着商品经济的发展，人们经济生活日益丰富，交往日益频繁，个人参与经济，并获得财产，具备脱离家族之能力，进而获得独立人格。子女与父母都具有独立人格，对外债务也由以家庭共同财产清偿发展为以个人财产清偿，责任自负。于是强制性概括继承虽然保证了债权人之债权得以实现，但其侵害继承人利益之弊端日益突出，为平衡债权人与继承人之利益，方出现限定继承制度。

必须指出，我国限定继承制度与“父债子偿”传统观念并非完全对立，从一定程度上说，“父债子偿”体现在我国限定继承制度之中，根据我国《继承法》第 33 条规定，继承人自愿偿还的，不在此限。法律并不禁止“子”自愿偿还“父债”。在我国信用体制尚未建立的情况下，“父债子偿”还具有一定的存在价值，是信誉之体现。

五、《民法典》遗产债务清偿制度评析

（一）《民法典》关于遗产债务清偿制度的规定

第 1159 条规定：“分割遗产，应当清偿被继承人依法应当缴纳的税款和债务；但是，应当为缺乏劳动能力又没有生活来源的继承人保留必要的遗产。”

第 1161 条规定：“继承人以所得遗产实际价值为限清偿被继承人依法应当缴纳的税款和债务。超过遗产实际价值部分，继承人自愿偿还的不在此限。”

第 1162 条规定：“执行遗赠不得妨碍清偿遗赠人依法应当缴纳的税款和债务。”

第 1163 条规定：“既有法定继承又有遗嘱继承、遗赠的，由法定继承人清偿被继承人依法应当缴纳的税款和债务；超过法定继承遗产实际价值部分，由遗嘱继承人和受遗赠人按比例以所得遗产清偿。”

（二）《民法典》与《继承法》关于遗产债务清偿制度规定之不同

1. 为缺乏劳动能力又没有生活来源的继承人的保留遗产从“适当”变为“必要”

适当的裁量标准较多，其中既可考虑债权人利益平衡，也可考虑继承人生活所需。而《民法典》的必要裁量标准唯一，即保证缺乏劳动能力又没有生活来源的继承人生活所需。

2. 明确了关于被继承人债务清偿顺序的规定

明确在法定继承、遗嘱继承、遗赠兼存的情况下，优先以法定继承人所得遗产偿还被继承人应当缴纳的税款和债务，如应缴税款和债务超过法定继承遗产实际价值的，再由遗嘱继承人和受遗赠人按比例以所得遗产进行清偿。这一规定一方面在多种继承方式并存的情况下，保障税款和债务得到妥善清偿处理，给债权人以更加清晰的维权指引，避免扩大矛盾；另一方面，也是在更大程度上尊重被继承人的生前愿望，让遗产优先按照被继承人的遗嘱意愿进行传承。

第六章　与继承制度相关的问题探讨

2010年11月26日，最高人民法院颁布《关于案例指导工作的规定》，2011年12月20日发布第一批指导性案例，标志着中国特色的案例指导制度初步建立，在规范法官自由裁量行为、统一法律适用、指导下级法院审判、弘扬社会主义法治精神和核心价值观等方面发挥了重要作用。其中有关“胎儿继承权”“代位继承”“分家析产”效力问题尤为引人关注。

一、胎儿继承权

（一）最高人民法院指导案例50号：李某、郭某阳诉郭某和、童某某继承纠纷案

1. 裁判要点

（1）夫妻关系存续期间，双方一致同意利用他人的精子进行人工授精并使女方受孕后，男方反悔，而女方坚持生出该子女的，不论该子女是否在夫妻关系存续期间出生，都应视为夫妻双方的婚生子女。

（2）如果夫妻一方所订立的遗嘱中没有为胎儿保留遗产份额，因违反《继承法》第19条规定，该部分遗嘱内容无效。分割遗产时，应当依照《继承法》第28条规定，为胎儿保留继承份额。

2. 相关法条

(1)《民法通则》第57条;

(2)《继承法》第19条、第28条。

3. 基本案情

原告李某诉称:位于江苏省南京市某住宅小区的306室房屋,是其与被继承人郭某顺的夫妻共同财产。郭某顺因病死亡后,其儿子郭某阳出生。郭某顺的遗产,应当由妻子李某、儿子郭某阳与郭某顺的父母即被告郭某和、童某某等法定继承人共同继承。请求法院在析产继承时,考虑郭某和、童某某有自己房产和退休工资,而李某无固定收入还要抚养幼子的情况,对李某和郭某阳给予照顾。

被告郭某和、童某某辩称:儿子郭某顺生前留下遗嘱,明确将306室赠与二被告,故对该房产不适用法定继承。李某所生的孩子与郭某顺不存在血缘关系,郭某顺在遗嘱中声明他不要这个人工授精生下的孩子,他在得知自己患癌症后,已向李某表示过不要这个孩子,是李某自己坚持要生下孩子。因此,应该由李某对孩子负责,不能将孩子列为郭某顺的继承人。

法院经审理查明:1998年3月3日,原告李某与郭某顺登记结婚。2002年,郭某顺以自己的名义购买了涉案建筑面积为45.08平方米的306室房屋,并办理了房屋产权登记。2004年1月30日,李某和郭某顺共同与南京军区南京总医院生殖遗传中心签订了人工授精协议书,对李某实施了人工授精,后李某怀孕。2004年4月,郭某顺因病住院,其在得知自己患了癌症后,向李某表示不要这个孩子,但李某不同意人工流产,坚持要生下孩子。5月20日,郭某顺在医院立下自书遗嘱,在遗嘱中声明他不要这个人工授精生下的孩子,并将306室房屋赠与其父母郭某和、童某某。郭某顺于5月23日病故。李某于当年10月22日产下一子，取名郭某阳。原告李某无业，每月领取最低生活保障金，另有不固定的打工收入，并持有夫妻关系存续期间的共同存款18705.4元。被告郭某和、童某某系郭某顺的父母，居住在同一个住宅小区的305室，均有退休工资。2001年3月，郭某顺为开店，曾向童某某借款8500元。

南京大陆房地产估价师事务所有限责任公司受法院委托，于2006年3月对涉案306室房屋进行了评估，经评估房产价值为19.3万元。

4. 裁判结果

江苏省南京市秦淮区人民法院于2006年4月20日作出一审判决：涉案的306室房屋归原告李某所有；李某于本判决生效之日起30日内，给付原告郭某阳33442.4元，该款由郭某阳的法定代理人李某保管；李某于本判决生效之日起30日内，给付被告郭某和33442.4元、给付被告童某某41942.4元。一审宣判后，双方当事人均未提出上诉，判决已发生法律效力。

5. 裁判理由

法院生效裁判认为：本案争议焦点主要有两方面：一是郭某阳是否为郭某顺和李某的婚生子女？二是在郭某顺留有遗嘱的情况下，对306室房屋应如何析产继承？

关于争议焦点一，《最高人民法院关于夫妻离婚后人工授精所生子女的法律地位如何确定的复函》中指出："在夫妻关系存续期间，双方一致同意进行人工授精，所生子女应视为夫妻双方的婚生子女，父母子女之间权利义务关系适用《中华人民共和国婚姻法》的有关规定。"郭某顺因无生育能力，签字同意医院为其妻子即原告李某施行人工授精手术，该行为表明郭某顺具有通过人工授精方法获得其与李某共同子女的意思表示。只要在夫妻关系存续期间，夫妻双方同意通过人工授精生育子女，所生子女均应视为夫妻双方的婚生子女。《民法通则》第57条规定:“民事法律行为从成立时起具有法律约束力。行为人非依法律规定或者取得对方同意，不得擅自变更或者解除。”因此，郭某顺在遗嘱中否认其与李某所怀胎儿的亲子关系，是无效民事行为，应当认定郭某阳是郭某顺和李某的婚生子女。

关于争议焦点二,《继承法》第5条规定:“继承开始后，按照法定继承办理；有遗嘱的，按照遗嘱继承或者遗赠办理；有遗赠扶养协议的，按照协议办理。”被继承人郭某顺死亡后，继承开始。鉴于郭某顺留有遗嘱，本案应当按照遗嘱继承办理。《继承法》第26条第1款规定:“夫妻在婚姻关系存续期间所得的共同所有的财产，除有约定的以外，如果分割遗产，应当先将共同所有的财产的一半分出为配偶所有，其余的为被继承人的遗产。”《继承法意见》第38条规定:“遗嘱人以遗嘱处分了属于国家、集体或他人所有的财产，遗嘱的这部分，应认定无效。”登记在被继承人郭某顺名下的306室房屋，已查明是郭某顺与原告李某夫妻关系存续期间取得的夫妻共同财产。郭某顺死亡后，该房屋的一半应归李某所有，另一半才能作为郭某顺的遗产。郭某顺在遗嘱中，将306室全部房产处分归其父母，侵害了李某的房产权，遗嘱的这部分应属无效。此外，《继承法》第19条规定:“遗嘱应当对缺乏劳动能力又没有生活来源的继承人保留必要的遗产份额。”郭某顺在立遗嘱时，明知有其妻子腹中的胎儿而没有在遗嘱中为胎儿保留必要的遗产份额，该部分遗嘱内容无效。《继承法》第28条规定:“遗产分割时，应当保留胎儿的继承份额……”因此，在分割遗产时，应当为该胎儿保留继承份额。综上，在扣除应当归李某所有的财产和应当为胎儿保留的继承份额之后，郭某顺遗产的剩余部分才可以按遗嘱确定的分配原则处理。

（二）胎儿保留份制度之解读

“胎儿”在法律意义上如何定义，现行立法并没有明确的规定，理论界的认识也不尽一致。怎样界定“胎儿”这个法律概念？笔者认为：界定法律上胎儿的标准应当注重胎儿的社会性，也就是对胎儿将来利益的保护。我国《民法总则》第13条规定：“自然人从出生时起到死亡时止，具有民事权利能力，依法享有民事权利，承担民事义务。”按照这一规定，出生前或者出生过程中的人是“胎儿”。由此，法律保护的胎儿是指自然人未出生但在受胎过程中的一种独特的生物体状态，“是从精子和卵子结合那一时刻起一直到脱离母体独立呼吸成为真正的民事主体，涵盖整个孕育于母体内的生命发育的阶段”。①

对胎儿利益给予法律上的保护，是对未出生生命的尊重，彰显社会认知的伦理性。随着现代医学技术和生物技术的发展、社会政策的变化、立法的粗疏以及部门法之间的不统一弊端凸显，使得我们有必要重新反思胎儿的法律地位以及我国目前对胎儿继承权保护的妥当性，进一步完善我国关于胎儿继承权保护的制度。

1. 胎儿利益立法保护之沿革

自罗马法以来，关于胎儿利益的保护既是民法的一项重要内容也是法学研究中的一个老话题。

---

① 生物学和医学关于胎儿的定义：受孕12周（也有的认为是8周）开始，四肢明显可见，手足已经分化，才是胎儿。而在此之前则是受精卵和胚胎期，不是胎儿。（参见360百科，http：//baike. so. com/doc/5991577. html，访问日期：2014年6月24日。）如果接受生物学和医学意义上的胎儿概念必然会导致受孕12周内的胎儿的合法权益得不到应有的保护；同时会导致法律适用时对于胚胎是否为胎儿的界定困难，目前医学只能对胎儿的发育作出大致的判断，如果某个案件正好是处于临界点12周，判断母亲腹中的生命组织究竟是不是胎儿，要不要作为胎儿保护可能就很困难。因此民法不能接受医学上关于胎儿的界定。

（1）罗马法：开创民法保护胎儿利益的传统。罗马法认为，胎儿从现实角度上讲不是人，但由于其是一个潜在的人，人们为保存并维护自出生之日起即归其所有的那些权利，而且为对其有利，权利能力从受孕之时起而不是从出生之时起计算。罗马法规定："关于胎儿的利益，视为已经出生。"根据这一原则，胎儿出生时只要完全符合出生条件，其开始享有权利能力的时间即可上溯到受胎之时。因此，继承开始时已经受孕的胎儿享有继承的权利；女奴所生的子女，如她在怀孕到出生前曾一度取得自由权的，就是自由人；堕胎要受到刑事制裁；受死刑宣告的孕妇，要在胎儿出生后才能执行；孕妇临产前死亡的，应救出婴儿后再埋葬或火化；为了保护胎儿的利益，可设置"胎儿保佐人"。可见，罗马人在古时就已经开始重视胎儿利益，其为保护胎儿利益所确定的原则和一系列相关制度，在今天看来仍不失进步性。但在罗马阶级分明的社会形态下，罗马法所保护的胎儿利益也只能是部分人在胎儿时期的利益。尽管如此，罗马法对胎儿利益的保护规定仍开创了大陆法系国家民法保护胎儿利益的传统。

（2）欧洲中世纪：世俗法排斥胎儿的利益。欧洲中世纪时期，尽管各宗教徒中的保守派认为胎儿绝不是母亲的一块组织或组成部分，而是人，应具有与成人一样的权利，但这一派的观点始终没有上升为法律。虽然宗教的某些教义对保护胎儿甚为有利，世俗法却仍将胎儿的某些利益排除在法律权利保护范围之外。

（3）近、现代社会：胎儿利益保障成为共识。自近代法典化以来，各国都有关于胎儿利益保护的规定。法国、德国、日本、意大利等国都在其民法典中明确规定了胎儿利益保护。在当代，随着人工辅助生殖技术的发展和应用，胎儿利益保护又面临诸多新的问题，但从总体上说，保障胎儿利益已经成为世界各国的重要共识。

在我国法律中，涉及胎儿利益保护的有：《母婴保健法》《劳动法》《刑法》《继承法》等。这些法律体现出些许保护胎儿利益的意思，但其对胎儿利益的保护是采用间接方式的，而且规定的内容零散，保护面窄，没有形成完整、系统的保护，在立法上没有给胎儿利益保护一个明确的说法。

2. 胎儿保留份制度国外立法现状

自罗马法以来，对胎儿利益进行保护已成为立法者的共识，并体现在相关的制度设计之中。[①]

（1）《德国民法典》。

第 844 条第 2 款之后段规定：即使在侵害发生时第三人已被孕育成胎儿但尚未出生，赔偿义务也发生。

第 1923 条规定：①只有在继承开始时生存的人，才能成为继承人。②在继承开始时尚未生存但已被孕育成胎儿的人，视为在继承开始前已经出生。

第 1963 条规定：在继承开始时，可期待一个继承人出生的，在母不能自行维持生计的情况下，母可以从遗产中，或者，其他人也有资格做继承人的，从该子女的继承份中请求适当的扶养费，直到分娩时为止。计算继承份时，必须认为只有一个子女出生。

第 2101 条第 1 款规定：在继承开始时尚未被孕育成胎儿的人被指定为继承人的，有疑义时，必须认为其被指定为后位继承人。被指定的人成为后位继承人不符合被继承人的意思的，该项指定没有效力。

第 2178 条规定：受遗赠人在继承开始时尚未被孕育成胎儿

① 基于所掌握资料有限，笔者仅就大陆法系立法例进行介绍。

或者其人格由继承开始后才发生的事件确定的，在前一情况下，在出生时发生遗赠的归属，在后一情况下，在事件发生时发生遗赠的归属。

（2）《意大利民法典》。

第 1 条规定：人的权利能力始于出生。法律承认胎儿取得的权利，但是以出生为限。

第 254 条第 1 款规定：非婚生子女的认领，可以在子女出生时进行，或者在子女出生后或确认受孕后于民政官或监护法官面前以特别声明的方式进行，或者以公证方式进行，或者以任何形式的遗嘱进行。

第 320 条第 1 款规定：父母双方共同或者由行使专属亲权的父母一方代理已经出生的和即将出生的子女，参加一切民事活动并管理其财产。除不得转让或获取子女或即将出生的子女个人用益权契约以外，父母可以分别完成一般管理行为。

第 462 条规定：所有在继承开始时已经出生或者已经受孕的人，均有继承能力。除非有相反的证据，自被继承人死亡之日起 300 日以内出生的人均推定为在继承开始时已经受孕者。在遗嘱人死亡时活着的特定的人的子女，即使当时尚未受孕，也可以依遗嘱取得遗产。

第 784 条第 1 款规定：对于赠与时在世的特定人的已经受孕的或尚未受孕的子女，同样可以进行赠与。

（3）《法国民法典》。

第 725 条规定：只有继承开始时生存的人，或者已经受胎、出生时存活的人始能继承。

第 906 条规定：仅需在生前赠与之时已经受孕的胎儿，即有能力接受生前赠与。在遗嘱人死亡时已经受孕的胎儿，有按照遗嘱接受遗产的能力。但是，仅在婴儿出生时是生存者，赠与或遗嘱始产生效力。

(4)《日本民法典》。

第 721 条规定：胎儿在损害赔偿请求权上视为已经出生。

第 783 条第 1 款规定：父亲对胎内的子女也可以认领。对此，须经其母亲承诺。

第 886 条规定：

①胎儿在继承上，视为已经出生。

②前项的规定，在胎儿以死体出生时，不予适用。

(5)《瑞士民法典》。

第 31 条第 2 款规定：子女，只要其出生时尚生存，出生前即具有权利能力。

第 544 条规定：

①婴儿自怀胎时起有继承能力，但以出生时生存者为限。

②死婴无继承资格。

通过对典型立法例的介绍，我们不难发现，大陆法系各国在赋予胎儿继承能力方面，虽然提法不尽一致，但都承认胎儿有继承权。其立法规定和司法发展状况具有以下特点：

第一，在保护胎儿利益时，有条件地承认胎儿的民事主体地位。

无论是主张总括的保护主义的国家，还是主张个别的保护主义的国家，法律在确认胎儿利益时都附加了“活着出生”原则，即胎儿只有在活着出生后方可享有胎儿时期的权利能力。

(1) 总括的保护主义。总括的保护主义，即在胎儿利益保护上，将尚未出生的胎儿视为已经出生，赋予其普遍的民事权利能力。《瑞士民法典》采取此例。基于胎儿的权利能力性质不同又可将总括的保护主义分为两种学说：其一，法定解除条件说。依照此种学说，在怀孕期间，胎儿被视为具有与已出生的自然人同样的法律地位，具有权利能力。若胎儿出生时为死体，其已经取得的权利能力溯及地消灭，即胎儿权利能力的取得附有解除条件。我国台湾地区“民法”采用此学说。其二，法定延缓条件说。此学说认为，胎儿于怀孕期间并无权利能力，当胎儿活着出生时，再追溯至出生前取得权利能力。《瑞士民法典》采用此学说。

（2）个别的保护主义。个别的保护主义，即认为胎儿原则上没有权利能力，但于若干例外情形下有民事权利能力。德国、法国、日本等民法采取此例。例如，《法国民法典》第906条规定：“仅需在生前赠与之时已经受孕的胎儿，即有能力接受生前赠与。在遗嘱人死亡时已经受孕的胎儿，有按照遗嘱接受遗产的能力。但是，仅在婴儿出生时是生存者，赠与或遗嘱始产生效力。”再如，《德国民法典》第1923条第2款规定：“在继承开始时尚未生存但已被孕育成胎儿的人，视为在继承开始前已经出生。”

第二，制度设计注重对胎儿财产权益的保障。

大陆法系国家对胎儿利益的保护范围多集中在继承、赠与、遗赠和抚养人被杀时请求损害赔偿方面，注重保护胎儿的财产利益，而对胎儿人身利益保护方面的规定则很少。

3. 胎儿的保留份制度学术观点介绍与评析

（1）重要学术观点。对于胎儿的保留份制度，学术界仁智各见，主要观点集中在梁慧星等学者建议稿、徐国栋等学者建议稿、王利明等学者建议稿、张玉敏等学者建议稿、陈苇等学者建议稿。

梁慧星等学者建议稿[①]之主要观点：该建议稿认为：“被继承

---

① 梁慧星主持：《中国民法典草案建议稿附理由·继承编》，法律出版社2004年版。

人死亡前已受孕的胎儿，就继承视为已出生。前款规定不适用于胎儿出生时为死体的情形。”

徐国栋等学者建议稿[①]之主要观点：该建议稿认为：“所有在继承开始时已出生或已受孕的人，都有继承能力。除非有相反的证据，自被继承人死亡之日起280日内出生的子女被推定为在继承开始时已受孕的子女。某一生存的确定之人的子女，即使在遗嘱人死亡之时尚未受孕，也享有根据遗嘱取得遗产的权利。”

王利明等学者建议稿[②]之主要观点：该建议稿认为：“继承人须在继承开始时具有民事权利能力，才能取得遗产。被继承人死亡前已受孕的胎儿，就继承视为已出生。胎儿的母亲或其他近亲属代理行使相关权利。胎儿出生时是死体的，保留的份额按照法定继承处理。”

张玉敏等学者建议稿[③]之主要观点：该建议稿认为：“继承开始时生存的人可以成为继承人。继承开始时已孕育的胎儿有继承能力，得为继承人，但出生时是死体的除外。”

陈苇等学者建议稿[④]之主要观点：该建议稿认为：“遗产分割时，应当保留胎儿的继承份额。如果胎儿出生时是死体的，保留的份额应当按照法定继承办理。应当为胎儿保留的遗产份额而没有保留的，应从继承人所继承的遗产中扣回。为胎儿保留的遗产份额，如胎儿出生后死亡的，由其继承人继承；如胎儿出生时就是死体的，由被继承人的继承人继承。”

---

① 徐国栋主编：《绿色民法典草案》，社会科学文献出版社2004年版。

② 王利明主持：《中国民法典学者建议稿及立法理由·继承编》，法律出版社2005年版。

③ 张玉敏主持：《中国继承立法建议稿及立法理由》，人民出版社2006年版。

④ 陈苇主编：《外国继承法比较与中国民法典继承编制定研究》，北京大学出版社2011年版。

（2）学术观点之评析。

学术观点之共性：关于胎儿的继承能力，学者们都承认继承开始时已受孕的胎儿有继承能力。保护胎儿继承权实际上保护的是一种期待权。该期待权转化为既得权的条件就是胎儿活着出生。如果胎儿出生时是死体的，其所享有的期待的尚未实现的民事权利便归于消灭。

学术观点之个性：第一，关于胎儿继承权的取得。对胎儿继承权的取得，梁慧星等学者建议稿认为应“将尚未出生的胎儿视为已经出生”，赋予其普遍的民事权利能力。该认识的直接法律后果便是胎儿在未出生前就具有与已出生的婴儿相同的权利能力，这一点不用任何证据加以推翻，只是法律规定在胎儿出生时为死体者，其权利能力的丧失具有溯及既往的效力。其他学者建议稿认为胎儿原则上没有权利能力，但于若干例外情形下有民事权利能力，如王利明等学者建议稿认为“被继承人死亡前已受孕的胎儿，就继承视为已出生”。第二，关于胎儿继承权的行使。大多数的学者建议稿并没有明确活体出生的胎儿其继承权如何行使，王利明等学者的建议稿中明确了“胎儿的继承权由其母亲或近亲属代理行使”，同时还保留了胎儿放弃继承权的余地。

4. 胎儿利益民事立法的未来发展趋势

对胎儿继承权的规定，是我国法律目前所承认的胎儿享有的唯一的一项权利。现代社会，人们对胎儿利益的保护越来越予以关注。与此同时，各种事关胎儿利益的理论和学说不断涌现，争论也越来越激烈，呈现出不同的表征。

（1）坚持“权利能力说”。关于胎儿利益保护的理论依据，主要有生命法益保护说、人身权延伸保护说以及权利能力说三种学说。

第一，生命法益保护说。[①] 德国学者普朗克（Planck）认为，胎儿利益虽非权利，但属于生命法益，生命法益先于法律而存在，是人性之表现与自然创造的一部。任何人对生命法益均享有权利，故得主张不受任何妨害或阻碍。任何对人类自然成长之妨碍或剥夺，皆构成对生命法益之侵害，胎儿是即将出生的人，是人类自然生长的一个过程，故胎儿的利益应受到保护。“胎儿本身尚未成人，无权利可言。然其利益遭受侵害之时仍得享有损害赔偿请求权，因其获得源于父母之生育权，母亲之生命健康权等权利之反射利益，并用以对抗任何之相对方。当胎儿出生后获得权利，则当初之法益为权利所吸收而归于消灭。”

生命法益说的设计有巧妙之处，它以法益作为胎儿应受法律保护的基点，避开了将权利能力作为请求根据所带来的尴尬局面。但笔者以为，该理论有不尽如人意之处，如它以胎儿已具备生命形式作为论证基础，过分理论化，不易为普通民众所理解，法益一词的概念在学术界非常有争论，则法律之所应保护之“法益”的范围恐更无定论；法益的概念过于抽象且范围有失宽泛，与法条本身的严谨不符，不宜为法律条文所用；在我国当前的司法实践局面下，该学说不利于实践操作，法官自由裁量权缺乏规制且法官专业素质不够高，很难妥善运用该理论解决实际问题，一有不慎反生滥用之弊。

第二，人身权延伸保护说。[②] 该说的基本要点是自然人在其诞生前和消灭后，存在着与人身权利相联系的先期人身法益和延续的人身法益。其先期和延续的人身法益相互衔接，构成自然人完整的人身利益。自然人人身利益的完整性和先期的以及延续的

---

① 参见竺琴：《胎儿利益法律保护研究》，载万方数据库，http：//hk. wanfang-data. com/wf/cddb/cddbft. htm。

② 杨立新：《人身权法论》，中国检察出版社 1996 年版，第 281—282 页。

人身法益与人身权利的系统性，决定了法律应以人身权利为中心，向前和向后延伸，保护先期人身法益和延续人身法益。依人身权延伸保护理论，胎儿利益因其未出生的特征，基本上属于先期人身法益，细分为几种类型。一为先期身份法益。首先是亲属法上的身份利益，包括亲权利益和亲属权利益，这种身份利益，存在于胎儿受孕之始，从其成功地怀于母体之中时起，事实上就已存在了该胎儿与其父母及其他亲属之间的身份关系。二为先期身体法益。胎儿怀于母体，为母体之一部分。但其形体具有先期身体利益，应予保护，当其成活出生，成为身体权的客体。三为先期健康法益。从胎儿成功孕育于母体之时起，即存在先期健康利益，法律确认这种先期健康利益，依法予以保护。四为先期生命法益。胎儿在客观上具有生命的形式，这是不可否认的事实，但是，这种生命形式还不是生命权的客体，而是一种先期的生命利益，对于这种先期生命利益，法律予以保护，称之为先期生命法益。

人身权延伸保护说，虽然大胆地突破了权利能力制度，是一个进步，然而其致命的弱点是仍然没有从根本上说明胎儿的利益为什么应该受到保护，在笔者看来，此说的本质含义其实仍旧是一种法益说的变种。

第三，权利能力说。[①] 在德国，针对生命法益保护说，一些学者认为，对胎儿利益的法律保护，其理由诉诸“自然”与“创造”，未臻严谨，因而致力于寻找实体法上之依据，其主要方向在于证明胎儿具有权利能力。在我国台湾地区，“胎儿以将来非死产者为限，关于其个人利益之保护，视为既已出生”，因而学

---

① 王鹏：《胎儿利益保护之比较法研究》，载万方数据库，http：//hk. wanfangdata. com/wf/cddb/cddbft. htm。http：//hk. wanfangdata. com/wf/cddb/cddbft_ htni.

者一致认为，对胎儿利益予以保护的依据是胎儿具有一定的权利能力。

尽管民事权利能力制度从德国法发展到现在，已表现出诸多的不适应。但权利能力制度存在近 200 年了，人们早已适应其理论，一旦删除民事权利能力制度，势必导致要对整个民法体系作出大的调整，正如曾世雄先生所言："尽管权利能力之制度并非不可或缺之制度，然在长久以来习以当然的情势下，如欲改弦更张应非一朝可就，何况权利能力之制度对于自然人虽似多余，终非有害。"所以，在可以对其进行适当修改以使其适应现实需要的情况下，还不宜彻底地删除权利能力在民法上的设计。①

（2）明确胎儿本身具有继承能力。为了与"自然人的民事权利能力始于出生，终于死亡"的原则保持一致，理论上对胎儿的继承能力有法定停止条件说和法定解除条件说两种解释。

第一，法定停止条件说。该学说认为，胎儿以活着出生为条件溯及继承开始时取得继承能力。

第二，法定解除条件说。该学说认为，胎儿本身具有继承能力，不过在出生时为死产的，溯及于继承开始丧失继承能力。

比较上述两种相对的学说，可以发现，"法定停止条件说"实际上并不承认胎儿在涉及其利益的任何时候都具有权利能力，即胎儿权利能力只有在其活着出生时才可以取得，但为了解决遗产继承时的特殊保留份额以及胎儿在怀孕期间遭受损害时损害赔偿请求权等问题，所以采用赋予活着出生婴儿以追溯以往的方式取得权利能力。但依照"法定解除条件说"的观点，当发生涉及胎儿利益的事项时，胎儿视为已经出生，可即时取得权利，即具

① 曾世雄：《民法总则之现在与未来》，中国政法大学出版社 2001 年版，第 118 页。

有主体资格，胎儿的母亲或父亲就可成为胎儿的法定代理人，代替胎儿行使权利。可以看到“法定停止条件说”虽然承认胎儿的民事主体资格，但却附加条件地使胎儿的权利能力在一定条件下停止，这种做法当然不能周全地保护胎儿在任何时候的利益问题，所以不应采纳。而“法定解除条件说”正如许多学者所赞成的，确定在受孕阶段胎儿就开始具有民事权利能力，相比较而言对于保护胎儿的权益是较为周全的。

5. 关于胎儿继承权保障的立法设计

我国古代社会，长期以来诸法合体。对人的身体、健康、生命、身份等“权利”的保护，都侧重于刑罚保护，而且，没有对胎儿保护的规定。究其原因，一方面是胎儿这一群体的生存状态比较特殊。胎儿在其出生之前不能离开母体独立存在，客观上被认为是母体的一部分，并不考虑对胎儿的特别保护。另一方面是我国古代长期重义务轻权利，没有形成权利观。① 笔者认为，我们应该借鉴他国在保护胎儿利益方面的优秀理论成果和成熟的立法、司法经验，对胎儿的人身利益和财产利益给予全面保护。

（1）明确胎儿的民事主体地位。立法上首先应该确定胎儿的民事主体地位，这是胎儿享有民事权利的重要前提，也是加强胎儿继承权保护的立法依据。为充分保障胎儿利益，立法可考虑接受概括主义②的做法，统一规定“为保护胎儿利益之时视为已出生”。

（2）对胎儿继承权的保护可沿用《继承法》的规定，但应作出完善。

---

① 杨显滨：《论胎儿利益的民事立法保护》，扬州大学2011年硕士学位论文。

② 所谓概括主义，是指按民法总则规定，胎儿以将来非死者为限，关于其个人利益之保护视为已出生。我国台湾地区“民法”第7条为这一典型；所谓特殊主义指仅在具体事项上规定胎儿享有相应的能力而不作统一规定。

第一，明确胎儿继承权的请求权主体。

笔者认为，胎儿的继承权可以通过母亲来实现。在诉讼过程中，对胎儿继承权的请求，应以胎儿本人的名义提起诉讼，由其亲权人代理行使。胎儿出生后请求的，此时如尚不具有民事行为能力，则由其亲权人代其行使。如监护人怠于行使职责，待胎儿有行为能力也可自行起诉。①

第二，明确胎儿继承财产的管理。

我国《继承法》第 6 条第 1 款规定："无行为能力人的继承权、受遗赠权，由他的法定代理人代为行使。"《婚姻法》第 23 条规定："父母有保护和教育未成年子女的权利和义务……"此外，我国《民法通则》设专章规定了监护制度。综合前述规定，我们认为，鉴于胎儿尚在母体腹中的生理特征，保留给胎儿的遗产，应由其母亲代为管理。这既符合法律上的规定，也尊崇了胎儿在生理上的特性。如胎儿生下后，其母亲亦死去，则由其法定代理人代为监管其财产。在通常情况下，在胎儿出生前，母亲及其他监护人是无权处分这部分专为胎儿保留的遗产的，否则就是侵权，因为在胎儿出生之前，这部分遗产归属尚不确定。但在以下特殊情况下，由于情势所逼，我们认为其母或其他法定代理人可以处置这部分遗产：一是胎儿尚未出生，其母患重病，而又无力医治的情况下，可以处分，但应以治病为限；二是胎儿活产后，未成年之前，因治病求学等急需，而其法定代理人又无力负担的情况下可以处分；三是家庭遇天灾人祸，为了维持起码的生活之情况下，可以处分。以上三点均以急需、迫不得已为前提条件。

---

① 有人认为，如此规定会导致权利人权利的行使无期限限制。这种担心是不必要的。因为继承法已经对继承回复请求权的行使作出了规定，此处权利的行使当然受该规定的约束。

二、代位继承

（一）杨某遗嘱取消未成年人代位继承权纠纷案

1. 案情

被继承人杨某与其妻刘某育有二子三女。1953年杨某夫妇在济南市区购买房屋四间。1977年刘某去世。1980年杨某又在院中建房二间。1987年、1991年杨某的两个儿子先后去世，各留一子随其各自的母亲生活。1993年3月，杨某立下公证遗嘱，将自己所有的财产及继承老伴的那部分财产指定由三个女儿继承，但未明确遗产的具体分配办法。同年12月，杨某病故。其时，杨某的两个孙子分别16岁和11岁，正在上学，他们母亲均有固定的工资收入，两人父亲生前所在单位各自提供其生活补助费每月65元。现诸继承人为继承遗产发生纠纷，三名遗嘱继承人诉至法院，要求按照遗嘱继承遗产。

2. 审判

一审法院认定遗嘱有效。二审法院认为，被继承人杨某生前所立遗嘱剥夺了未成年代位继承人的继承权，遂确定遗嘱无效，并依法定继承原则对此案作了改判。

（二）代位继承制度之解读

代位继承又称间接继承，是指继承人先于被继承人死亡或因其他原因不能或不愿继承时，由继承人的直系血亲卑亲属代为取得其应继份额的一种制度。这项制度是法律规定的，它一直是法定继承中的一项重要制度。

此项制度始于罗马法中的按支继承。在罗马法的市民法时代，代位继承仅限于先于被继承人死亡之子，或受家父权免除的子之子方能有权取得父之应继份。到了优帝时代，代位继承逐渐扩大，不仅直系血亲卑亲属可以代位继承，而且兄弟姐妹的子女也享有代位继承权。在我国，早在唐代就有了代位继承的规定，如在《唐律疏议》中，就有“诸应分田宅财产者，兄弟均分。兄弟亡者，子承父份（断绝亦同），兄弟俱亡，诸子均分”[①]。1930年民国政府时期的民法继承编，明确规定了被继承人的直系血亲卑亲属代位继承的制度。中华人民共和国成立后制定的1985年《继承法》第11条规定：“被继承人的子女先于被继承人死亡的，由被继承人的子女的晚辈直系血亲代位继承……”依此规定，在我国，代位继承是指在法定继承中被继承人的子女先于被继承人死亡时，由被继承人的子女的晚辈直系血亲代位继承其应继份额的法律制度。

1. 代位继承的发生原因

关于代位继承的发生原因，大体有两种立法例。

（1）代位继承发生的原因，仅以被代位人于继承开始时死亡为限。例如，《法国民法典》规定：“代位继承是一种法律上的拟制，其效果是使代位继承人取代被代位人的地位、亲等与权利。”“不论被继承人的现有子女与先于被继承人去世的该人的子女留下的直系卑血亲是否具有相同的权利，也不论由于被继承人的所有子女都先于该人去世，而这些子女留下的直系卑血亲亲等是否相同，所有情况，代位继承均允许。”我国继承法也属于此种类型。

（2）代位继承发生的原因，不限于被代位人的死亡，继承的拒绝、继承权的丧失及依契约为继承的放弃，均可为代位继承。例如，《日本民法典》规定：“被继承人的子女先于继承开始前死亡、或因符合第八百九十一条规定、或因废除而丧失其继承权

① 郭明瑞、房绍坤：《继承法》，法律出版社2012年版，第118页。

时，其子女代位其成为继承人。”《瑞士民法典》规定：“无继承资格人的直系卑血亲，按无继承资格人先于被继承人死亡的情况，继承被继承人的财产。”“被继承人未有任何遗嘱，且继承人中一人抛弃继承权的，其应继份按继承人在继承开始前死亡的情形处理。”

2. 代位继承的性质

关于代位继承的性质，在法学理论上有不同的学说，概括起来，可分为代位权说和固有权说两种类型。

代位权说，有学者亦称为代表权说，一般认为该学说是指，代位继承人之所以享有代位继承权，是因为被代位人原本就有继承权，代位继承人不过是代表死去的被代位人取得其应继份而已。如果被代位人生前已抛弃继承或被剥夺继承权，其直系血亲卑亲属便无权代位继承。法国民法典、意大利旧民法和德国旧普通法及我国继承法都有类似规定。代位权说认为，代位继承人继承被继承人的遗产，不是基于本身固有的权利，而是代表被代位继承人参加继承。也就是说，代位继承人是以被代位人的地位而取得被代位人的应继承份额的。这一学说，在被代位继承人丧失继承权或放弃继承权的情形下，一般不发生代位继承。如《法国民法典》第 739 条明确规定：“代位继承为法律的拟制，其效果为使代位继承人取代被代位人的地位、亲等与权利。”该法第 744 条规定：“任何人不得代替活着的人而取得其继承的地位，仅能代替已死亡之人。”

值得注意的是，我国有的学者将代位权说称为代表权说，即代位继承人作为被代位人的代表，代替其取得应继份。我们认为，这种说法有失妥当。依据民法原理，代表人在实施代表行为时，不具备独立人格，而为被代表人的人格所吸收，成为被代表人的职能机关，代表人的行为，即被代表人的行为，其效果归属于被代表人。显然，该理论不能适用于归制被代位人与代位继承人之间的关系。即使在身份继承制度下，在按支继承时，代位继承人取得被代位人家长之地位，亦是代表本支家庭，以新家长之身份取得遗产而非代表被继承人行使权利。因此将该学说称为代位权说，更加准确，亦符合其本意。

固有权说认为，代位继承人参加继承是自己本身固有的权利，代位继承人是基于自己的权利继承被继承人的遗产，并不以被代位人是否有继承权为转移。依这种学说，只要被代位人不能继承，代位继承人就得代位继承，即使是在被代位人丧失继承权或放弃继承权的情形下，代位继承人也得依自己的权利继承被继承人的遗产。德国、意大利、日本、奥地利、瑞士、保加利亚等国家民法典均采取此种说法。《意大利民法典》第467条规定，代位继承人因其父或母不能继承或不想继承时，仍允许代位继承。德国民法典认为，代位继承人不仅可以是先死的继承人的代表，而且可以依自己所固有的权利而继承。瑞士民法典认为，代位继承不仅因其父或其母而来，而且是依自己的代位继承权而继承，即使其父或其母丧失或放弃继承权，仍然可以代位继承。我国台湾地区的民法学者也多持此种观点，认为所谓代位继承者，应理解为代位继承人本其固有的继承地位，代被代位继承人之应继份的地位而继承。①

我们认为，固有权说在理论上具有合理性。

其一，被代位人至死亡时起，法律人格消灭，以法律人格为基础的继承期待权随之消灭，其继承法律地位不复存在。因此，不管被代位人是否丧失继承权，其代位人都不可能代替一个实际上已经不存在的法律地位去继承被继承人。而固有权说可有效克

---

① 史尚宽：《继承法论》，中国政法大学出版社2000年版，第78页。

服代位权这一理论缺陷。

其二，代位权说不能解释代位继承的实质依据。例如，它不能解释，法律为什么规定某些继承人先于被继承人死亡，其直系卑亲属可以代位继承，而另一些继承人先于被继承人死亡，其直系卑血亲则不能代位继承。按固有权说，代位继承人本来就是法定继承人范围以内的人，只不过在其尊亲属生存时，按照亲等近者优先的原则，他们被排斥于实际继承之外。当其尊亲属先于被继承人死亡和丧失继承权时，他们基于自己的继承资格和权利，按照尊亲属的继承顺序和应继份，直接继承被继承人。法律关于哪些继承人先于被继承人死亡可以发生代位继承的规定，实质上即是关于法定继承人范围的规定。例如，我国《继承法》规定，只有被继承人的子女先于被继承人死亡，才发生代位继承，实际上就是将继承人限于配偶、父母、子女及其兄弟姐妹、祖父母和外祖父母的范围之内。而德国、瑞士、美国、意大利等国家则规定，不仅直系卑血亲，而且父母、兄弟姐妹、祖父母、外祖父母先于被继承人死亡和丧失继承权，都会发生代位继承，实际上就是将继承人的范围划得很宽，不仅死者的直系卑亲属，而且兄弟姐妹和祖父母、外祖父母的直系卑亲属都在法定继承人的范围之内。简言之，代位继承是按支继承观念在法律上的体现，没有按支继承，就没有代位继承。

3. 我国代位继承制度存在的不足及完善

我国《继承法》第 11 条规定：被继承人的子女先于被继承人死亡的，由被继承人的子女的晚辈直系血亲代位继承。代位继承人一般只能继承他的父亲或者母亲有权继承的遗产份额。我国《继承法意见》第 28 条规定：继承人丧失继承权的，其晚辈直系血亲不得代位继承。如该代位继承人缺乏劳动能力又没有生活来源的，或对被继承人尽赡养义务较多的，可适当分得遗产。

笔者认为，我国继承法中规定的代位继承制度存在如下缺陷：

（1）在第一顺序继承人及其直系血亲卑亲属均死亡而仅存死者之兄弟姐妹之后代时，按照继承法规定死者之侄子女不得代位继承，那么，死者遗产岂不是要“充公”，不利于公民个人私有财产继承权的保护。

（2）从民法理论上讲，法律规范中所规定的继承权是法律赋予公民的一项民事权利能力，而并非现实的民事权利。亦即法律条文上的继承权是一种期待权，仅表明一种可能性，需要一定的法律事实的发生，如被继承人死亡的事件。由于公民的民事权利能力终于死亡，作为民事权利能力具体内容的继承期待权也就理所当然地丧失殆尽，现实的继承权因失去前提条件就不可能再发生。这样，当被继承人死亡时，代位人自然就无法代表被代位人已经不存在的权利。

（3）因死亡父母的违法或犯罪行为，而让子女承担不能继承被继承人遗产的不利后果，与我国法律的基本精神未必相符。反之，承认子女丧失继承权后其直系卑亲属可以代位继承，不仅符合继承的目的——从血缘关系考虑而保护死者后代的延续，也可以最大限度地化解由于子女忤逆不孝所造成的家庭矛盾，促进亲属之间的团结，维护社会的稳定。

基于前述理由之分析，笔者认为，我国代位继承制度应作如下之设计：

“被继承人的子女在继承开始时已经死亡或丧失继承权的，由其直系卑血亲代位继承。

本法所说的已死亡子女的直系卑血亲包括生子女的生子女、养子女；养子女的生子女、养子女；有扶养关系的继子女的生子女、养子女。”

三、“分家析产”[①] 的效力

（一）李某与谭某等分家析产纠纷上诉案[②]

1. 案情

上诉人（原审原告）：李某。

委托诉讼代理人：唐荣健，重庆缙云律师事务所律师。

被上诉人（原审被告）：谭某。

被上诉人（原审被告）：赵某。

委托诉讼代理人：何春润，重庆大新律师事务所律师。

上诉人李某因与被上诉人谭某、赵某分家析产纠纷一案，不服重庆市北碚区人民法院（2019）渝 0109 民初 4870 号民事判决，向本院提起上诉。本院于 2019 年 7 月 30 日立案后，依法组成合议庭，于 2019 年 8 月 12 日、9 月 14 日进行了询问。上诉人李某及其诉讼代理人唐荣健，被上诉人谭某、被上诉人赵某及其诉讼代理人何春润到庭参加询问。本案现已审理终结。

李某上诉请求：（1）撤销一审判决，依法改判支持上诉人在一审的诉讼请求，即位于北碚区北温泉街道文远路 28 号×幢×单元 1－1 房屋（产权号 107 房地证 2013 字第××号，建筑面积 190.74 平方米，权利人：赵某）及牌号为渝 A×××××号汽车的 50% 所有权归谭某所有；（2）诉讼费由谭某、赵某承担。事实及理由：（1）原判对二被上诉人借离婚转移财产、逃避债务的事实未予以认定，谭某、赵某以登记在谭某名下的两套房屋抵押借

---

① 在通常情况下，“分家”主要解决两个问题，一是财产的分割，二是老人的赡养。析产是分家的重要内容，但分家不限于析产，因此，在笔者看来，“分家析产”的提法是不科学的，至少是不完整的。但基于习惯说法之考虑，文中仍采用了“分家析产”之提法。

② 裁判文书网：重庆市第一中级人民法院民事判决书（2019）渝 01 民终 5913 号。

款100万元，该债务是谭某、赵某夫妻共同债务。本案开庭前一日，谭某、赵某通过离婚协议的方式将该共同债务协议由谭某一人承担且各自名下房产归各自所有，案涉小汽车归赵某所有，谭某分得房屋价值低于债务本息，赵某分得的房屋价值远大于债务本息，明显是以离婚方式达到转移财产、逃避债务的目的。(2) 一审诉讼请求具有相应事实基础，予以驳回是不正确的。原判对于二被上诉人离婚协议有效的认定违反了《最高人民法院关于人民法院民事执行中查封、扣押、冻结财产的规定》第14条第2款，二被上诉人在离婚时对被保全查封的共有房屋分割协议未经债权人李某的同意，故离婚协议中关于该部分财产分割协议无效。(3) 原判适用法律错误，一审法院错误适用《婚姻法》第39条规定，进而错误认定二被上诉人离婚协议有效。

谭某辩称，要求维持原判。

赵某辩称：(1) 谭某欠的债务是谭某个人债务，非夫妻共同债务；(2) 2019年5月22日，赵某要求与谭某离婚是真实的，并不是恶意逃避债务，离婚时双方对财产分配符合法律规定，且依法登记，具有法律效力，双方分配的房产、财产价值都大致相当；(3) 在执行程序中，李某申请冻结了谭某的工资卡和住房公积金，其执行结果有保障；(4) 三套房屋价值200万以上抵押，能够得到保障，一审判决正确。

李某向一审法院提出诉讼请求：(1) 判决位于北碚区北温泉街道文远路28号×幢×单元1-1房屋的50%所有权及车牌号为渝A×××××汽车的50%所有权归被告谭某所有。(2) 本案诉讼费由被告承担。

一审法院认定事实：谭某、赵某曾系夫妻关系，于××××年××月××日登记结婚。位于北碚区北温泉街道文远路28号×幢×单元1-1房屋（产权证号：××地证2013字第××

号，建筑面积190.74平方米）以及车牌号码为渝A×××××小型汽车（车辆识别代号：LSGGF53W8BH1581××）为谭某、赵某的夫妻共同财产，其登记权利人均为赵某。2019年5月22日，谭某、赵某协商登记离婚并签订了《离婚协议书》，约定：一、男方谭某与女方赵某自愿离婚；二、双方婚后共同财产分割协议：女方分得：位于北碚区北温泉街道文远路×××××1－1房屋（不动产登记证证号为：××地证2013字第××号），建筑面积190.74平方米，归女方赵某所有；渝A×××××别克牌小型轿车一辆归女方赵某所有。男方分得：位于北碚区碚峡西路××2－4房屋（房地证证号为：××地证2006字第××号），建筑面积111.18平方米，归男方谭某所有；位于北碚区胜利街××房屋（房产证证号为：房权证107字第××）建筑面积84.34平方米，归男方谭某所有。三、双方无夫妻共同存款分割……

另查明，李某于2017年10月27日向一审法院提起诉讼，要求谭某、赵某归还其借款及利息。一审法院于2018年4月16日作出（2017）渝0109民初9093号民事判决，判决：一、谭某于本判决生效之日起五日内向李某偿还借款本金300000元及截至2015年11月7日的利息70000元。二、谭某于本判决生效之日起五日内向李某支付2015年11月8日以后的利息，该利息以30000元为基数，按照月利率2%计算，利随本清。三、驳回李某对赵某的诉讼请求。四、驳回李某的其他诉讼请求。谭某对该判决不服，上诉于重庆市第一中级人民法院。该院于2018年8月9日作出（2018）渝01民终4204号民事判决，判决：驳回上诉，维持原判。李某已对生效判决申请了强制执行。

一审法院认为，根据《最高人民法院关于人民法院民事执行中查封、扣押、冻结财产的规定》第14条第3款“共有人提起析产诉讼或者申请执行人代位提起析产诉讼的，人民法院应当准许。诉讼期间中止对该财产的执行”的规定，李某作为申请执行人代谭某与赵某提起析产诉讼，符合法律规定。故赵某辩称李某代位提起诉讼没有法律依据的意见，一审法院不予采纳。根据《婚姻法》第 17 条“夫妻在婚姻关系存续期间所得的下列财产，归夫妻共同所有：（一）工资、奖金；（二）生产、经营的收益；（三）知识产权的收益；（四）继承或赠与所得的财产，但本法第十八条第三项规定的除外；（五）其他应当归共同所有的财产。夫妻对共同所有的财产，有平等的处理权”的规定，本案中，位于北碚区北温泉街道文远路××××××1－1 房屋以及车牌号码为渝A×××××小型汽车均系谭某与赵某在婚姻关系存续期间取得的夫妻共同财产，由赵某与谭某共同共有。但根据《婚姻法》第 39 条“离婚时，夫妻的共同财产由双方协议处理……”的规定，本案中，赵某与谭某已办理离婚并签订了离婚协议，该协议对上述房屋和车辆进行了协商处理，归赵某所有。故李某起诉要求判决位于北碚区北温泉街道文远路 28 号×幢×单元 1－1 房屋的 50% 所有权及车牌号为渝 A×××××汽车的 50% 所有权归谭某所有的请求没有相应事实基础，一审法院对此予以驳回。

据此，依照《婚姻法》第 17 条、第 39 条，《最高人民法院关于人民法院民事执行中查封、扣押、冻结财产的规定》第 14 条，《民事诉讼法》第 64 条、第 142 条之规定，一审法院判决：驳回原告李某的诉讼请求。案件受理费 4300 元，减半收取 2150 元，由原告李某负担。

本院二审期间，当事人围绕上诉请求依法提交了证据。本院组织当事人进行了证据交换和质证。上诉人李某提交了两份抵押担保合同，拟证明两套房屋用于了抵押贷款，最后分割财产的时候谭某分得的是已经抵押的房屋，赵某分得的是未抵押的房产。

被上诉人谭某、赵某质证认为，抵押真实性无异议。被上诉人赵某、谭某提交了四川省乐至县人民法院（2019）川2022民998号民事调解书，拟证明谭某债务只有100多万，高于其分得的财产，将调解书履行完毕以后还有剩余，财产分割是公平的。赵某分得的房屋也是有抵押的，一审已有抵押合同。另举示了案涉房屋的另一份《抵押合同》和两份《不动产登记查询结果证明》，拟证明案涉房屋存在顺位抵押，赵某与谭某离婚协议中分割所涉及的三套房屋均存在抵押和查封。上诉人质证认为，对对方举示的民事调解书未表示认可，但案涉房屋和碚峡西路房屋因上诉人申请，法院已于2018年2月8日作出了查封裁定，胜利路的房屋因上诉人申请，法院已于2019年4月4日作出查封裁定。本院认证认为，上诉人与被上诉人举示的关于案涉房屋的抵押和查封情况的《抵押合同》《不动产登记查询结果证明》，真实可信，内容能够证明案涉房屋的权利负担情况，也得到各方当事人的认可，本院予以采信。赵某、谭某举示的民事调解书其内容不能直接证明其待证目的，与本案最终处理亦不产生影响，故不予采信。

本院二审查明，北碚区北温泉街道文远路28号×幢×单元1-1房屋（以下简称案涉房屋）在赵某与谭某离婚前已存在抵押，并已被一审法院予以查封，赵某与谭某婚姻关系存续期间购入了案涉房屋和车牌号码为渝A×××××小型汽车。一审法院审理本案时，第一次开庭时间为2019年5月23日。

本院二审查明其他的事实与一审查明事实相同。

2. 审判

本院认为，本案的争议焦点为谭某与赵某的离婚协议是否能够对抗债权人李某。现评判如下：

根据《婚姻法》第17条规定："夫妻在婚姻关系存续期间所得的下列财产，归夫妻共同所有：（一）工资、奖金；（二）生产、经营的收益；（三）知识产权的收益；（四）继承或赠与所得的财产，但本法第十八条第三项规定的除外；（五）其他应当归共同所有的财产。”虽然赵某与谭某现已不是夫妻关系，但是案涉房屋与车辆系其婚姻存续期间购置的，应属于其夫妻关系存续期间的共同财产。李某作为申请执行人，依照《最高人民法院关于人民法院民事执行中查封、扣押、冻结财产的规定》第 14 条第 3 款的规定，有权对谭某与赵某共有的案涉房屋和车辆提起析产诉讼。

《最高人民法院关于人民法院民事执行中查封、扣押、冻结财产的规定》第 14 条第 1 款、第 2 款规定：“对被执行人与其他人共有的财产，人民法院可以查封、扣押、冻结，并及时通知共有人。共有人协议分割共有财产，并经债权人认可的，人民法院可以认定有效。查封、扣押、冻结的效力及于协议分割后被执行人享有份额内的财产；对其他共有人享有份额内的财产的查封、扣押、冻结，人民法院应当裁定予以解除。”由此可知，共有人分割被人民法院查封的财产，人民法院对其分割协议认定有效的前提为“债权人认可”。就本案而言，案涉房屋在谭某与赵某离婚前已被法院查封，谭某与赵某作为案涉房屋与车辆的共有人，不管以何种形式协议分割共有财产，均需得到债权人李某的认可，且不能损害债权人李某的利益。一审法院审理本案时，第一次开庭时间为 2019 年 5 月 23 日，一审开庭前一日，即 2019 年 5 月 22 日，谭某与赵某办理了协议离婚，一审庭审时，李某对该离婚协议表示了异议，并认为谭某与赵某利用离婚方式转移隐匿财产，逃避债务。由于谭某与赵某离婚协议关于财产的分割并未取得债权人李某的认可，故谭某与赵某的离婚协议仅系双方意思表示，其对财产分割的约定亦只对二人具有约束力，不能对抗第三人，即不能对抗未对分割协议认可的执行申请人。

因此，鉴于案涉房屋与车辆系谭某与赵某的夫妻共有财产，离婚协议不能对抗第三人，第三人李某有权对谭某与赵某共有的案涉房屋和车辆提起析产诉讼，在没有证据证明案涉房屋和车辆系按份共有的情况下，本院认定谭某与赵某对案涉房屋和车辆系共同共有，在共有人并未约定各自份额时，应视为等额享有，即赵某、谭某应各占1/2的份额。

综上所述，李某的上诉请求成立，应予支持；一审判决认定事实错误，适用法律错误，本院予以纠正。依据《婚姻法》第17条、《最高人民法院关于人民法院民事执行中查封、扣押、冻结财产的规定》第14条、《民事诉讼法》第170条第1款第2项规定，判决如下：

一、撤销重庆市北碚区人民法院（2019）渝0109民初4870号民事判决；

二、谭某享有赵某名下位于北碚区北温泉街道文远路28号×幢×单元1－1房屋（产权证号：××地证2013字第××号）50%的产权，并享有赵某名下车牌号为渝A×××××汽车50%的所有权。

一审案件受理费4300元，减半收取2150元，由谭某、赵某各负担1075元。二审案件受理费4300元，由谭某、赵某各负担2150元。

本判决为终审判决。

（二）“分家析产”之解读

分家析产习惯在中国由来已久。“分家”，在我国传统中有多种说法，如分异、分火、分烟、另起炉灶、另立门户等，指的是已婚儿子从其父辈家庭中分离出去的状态与过程。作为一种存在的状态，它表现为子辈在父辈的扶助下“另起炉灶，另立门户”，建立起一个在财产方面相对独立的核心家庭的形式；作为一个过程，则包括从提出分家要求到新家庭开始相对独立的生活之间的一系列必经阶段。“析产”，又称财产分析，特指大家庭分家时进行的财产处理，即把家庭个人财产、共有财产分割出来，属个人财产的归个人所有；属共有财产的，如为按份共有则按份额分割，如为共同共有，有约定的从约定，无约定的按照共有人对财产贡献的大小，并适当考虑照顾生产、生活的实际需要等情况进行处理。

1. 对待分家析产习惯之立法态度

纵观立法态度，从古代到近、现代，经历了一个承认——否认——再承认——再否认的反复、犹豫的抉择过程。

分家析产形成的年代已不可考，大约在战国时期，民间已有这种习惯，其后因商鞅变法颁布“分异令”而成为一种国家制度。至唐代《唐律疏议·户婚》规定：“若祖父母、父母令别籍”，徒二年。疏议：“但云别籍，不云令其异财，令异财者，明其无罪。”意思是，祖父母、父母在世时，子孙不能擅自“别籍”和“异财”。“别籍”是指把户口独立出来；“异财”就是“析产”或分家产。但是，征得祖父母、父母同意而“异财”（“别籍”仍不准），国家是允许的。这说明，家庭财产的析分在唐代已得到国家的默许。①

2. 分家析产习惯之本质与功能

（1）分家习惯的本质。分家习惯千百年来一直存在，甚至连家中只有一个儿子的人家也会因儿子的结婚而分门立户。其中所涉及的不仅仅是民俗的普及与变迁，还有社会经济和人的心理发展的深层原因。

① 转引自俞江：《论分家习惯与家的整体性》，载《政法论坛》2006 年第 1 期。

分家，从字面意义上理解，是关乎家庭成员之间财产分配之关系，实际上它是家产从上一代人向下一代人转移，包括了纵向财产关系和横向财产关系发生改变的过程。从横向的财产关系来看，是兄弟之间[①]的财产分配；从纵向的财产关系来看，是财产控制权从上一代转移给了下一代。

在大多数的中国家庭里面，两代人的财产一直是共有的，两代人之间的财产所有权并没有明确的界限，[②] 家产的传递实际上是家产负责人权力的一种交接。这种交接是在不经意间完成的，随着父母年龄的增长和能力的日渐衰微，儿子在经济上的贡献越来越大，地位日益上升，发言权的最终享有带来财产控制权的直接掌握，此时父母则成为完全的受供养者，从台前转至幕后。

（2）分家习惯的功能。从一个核心家庭来看，一对配偶结婚后，三角形结构的夫妇两点已经具备，孩子出生后就形成了三角形的第三点，也就完成了社会结构里的三角，“这个完成了的三角形在人类学和社会学的术语中被称为家庭”。随着子女的增加，第三点越来越强，三角结构也逐渐扩大，“在一定时间里，子方不能安定在这三角形里，他不能永远成为只和父母联系的一点，他要另外和两点结合形成新的三角形”，这样就使得原有家庭三角不再完整。“这并不是原有三角形的意外结局，而是构成这三

---

① 在多数情况下，女儿不能得到自己父母的财产。女儿出嫁后，被视为夫家家庭成员，当娘家兄弟分家时，没有人提出或想到财产也有她的一份，但在婆家分家时，她有权利为自己的小家庭争取更大的财产份额。没有出嫁的女儿的权利仅限于一份嫁妆和她在娘家举行婚礼时的费用。即便是在自己没有其他兄弟时，女儿也不一定能够得到财产，因为父母有可能招上门女婿，那样的话，这个拟制的儿子便以“后人”的身份分得财产。

② 这在一定程度上解释了“父债子偿”的合理性。

角形的最终目的。三角形的破裂是他功能的完成。”①

第一，分家作为一种习惯现象，是人们适应外界环境的一种自愿选择、理性选择。“树大分叉，中古皆然”“树大分枝，鸟大分窝”，这些民间谚语说明了家庭的运行机制。分家是人类自然分群的发展必然，这是人们从自己的生活实际出发的一种理性选择，毕竟维持一个大家庭不仅需要有强大的经济实力来支撑，还必须涉及人际关系的处理、分配、消费等各种各样的矛盾，而分家则更适应于现代社会的要求。诚如被调查者所说的，分家是自然的，不是任何矛盾导致分家，反过来分家能解决一些问题。众所周知，不同代际的人由于生长的社会环境不同，知识结构的差异、经验阅历不一致等，他们的处事方式是不同的。大家庭内的关系是多组复杂的对立统一关系，如父子关系、婆媳关系、姑嫂关系、兄弟关系等。家庭是由父、母、子女构成的三角关系，要维持这种三角关系中父子关系的长期稳定，人们就必须想办法来缓解父亲的绝对权威与儿子渴求家庭民主、分享权利之间的矛盾，分家使父亲的绝对权威得以继续保留，儿子获得了想要的权利。婆媳关系也是一组极为棘手的关系，我们知道，传统社会家庭中的妇女是没有什么地位的，“多年的媳妇熬成婆”后才能获得一些权利，婆婆在家中的最大权利只能在儿媳身上行使，同时也擅长此道。婆婆与儿媳的矛盾是家庭矛盾中最明显、最易激化的矛盾。为了维护家庭的和谐、防止家庭的破裂，维持社会的稳定，分家成了一种调适。分家后，小家庭人际关系不像大家庭那么复杂，家庭人际关系简单，家庭矛盾减少，从而更有利于个人、家庭、社会的发展。另外，传统大家庭普遍强调父子关系为

---

① 费孝通：《乡土中国——生育制度》，北京大学出版社 1998 年版，第 163、215—216 页。

核心的纵向关系，忽视夫妻关系为核心的横向关系。在大家庭里，夫妇都是劳动分工中的一个环节，能用于夫妻二人感情交流的时间非常有限，劳动结束后的闲暇时间也因为居住场所的共有及家庭成员的繁多而无法独享。在分开的小家庭里，家庭成员较少，关系简单，居住不受太多干扰，使夫妻二人可资感情交流的时间增多，这对夫妻二人感情质量的提高也是有益的。而且个人独立意识的增强伴随的一个必然结果是责任意识的强化与提高，这对于人的现代化来说也是有力的助推因素。因此，分家从某种层面来说，是将父子关系为核心的纵向关系和夫妻关系为核心的横向关系并重的结果，有利于建立平等和睦的新家庭，这正是人们自愿选择的理想结果。

第二，从社会延续的角度看，分家有利于个性的独立和对亲属关系这一社会资源的充分利用。分家是家庭关系中最重要的事件之一，不仅重新分配了家庭财产，而且重新界定了家庭内部的权力结构。居住场所和社会关系的分离如果不以物质财富的划归为前提，新的家庭生活是无法开始的，甚至可以说新的家庭都是不可能诞生的。社会继替不仅包括个人的新老交替，同时也有家庭结构的不断分化、重组和替代，而家庭财产的分割及外部亲属群体的资助也就成了家庭继替的深厚的物质根源。同时，重新分配了家庭财产，小家庭有了个人财产的控制权，这将有利于个人的独立、自立、自主意识的发展。其一，确定了亲属关系的指向。以媳妇的家族及亲属为亲属取向，不至于发生亲属关系的混杂和不同亲属内部的矛盾。其二，强化了单个新家庭抵御风险与不测的能力。通过亲属关系的明晰化，实质上也界定了群体之间的相互帮助的责任和义务。在一定程度上，通过“分家”而实现的亲属关系的划归对现阶段人们的生产和生活都是有百利而无一害的。上升到社会继替的高度，亲属关系的明晰与稳定也是有利于社会的进步与发展的。只有这样，个人和家庭才能够不断地满足社会的功能需求，社会才能在家庭群体的不断分化与整合过程中实现进步。

第三，在市场经济条件下，分家本身是人们的一种理性选择。这种选择主要是出于人们生活的具体实际，从经济上来看，分家后的收益大于不分家时所付出的成本。分家使家庭小型化，人们可以将更多的精力投入经济活动中，它可以刺激人们的积极性，打破传统大家庭"吃大锅饭，干好干坏一个样"的局面，从而有益于经济的发展。当然，分家的结果也并不是完全如年轻人所想象的是家庭致富的最佳途径，分家之后有的更富，也有的更穷，从总体上看，富比穷的概率更大。它使得家庭资源得以有效配置，不仅有助于家庭的巩固，也符合社会发展的趋势，有利于家庭经济水平的提高、生活的改善，还为整个经济的发展作出贡献。

3. 分家析产习惯之要素

（1）分家析产的时间。"只要时机成熟了，家自然就该分了。"在日常生活中，分家一般是由在大家庭中掌握主动权的父辈家长提出，父母依据自己的经验适时地提出分家，征得各方同意后，按习惯或分家规则进行。

①子辈已经成家，且有必要单过时。根据笔者的调查，山西省晋中地区分家析产的习惯不以儿子娶亲为要件。儿子未娶亲也存在分家析产的可能。一种是所有儿子都参与分家，仅需将未成婚的儿子的娶亲费用单列出来，不参与分家析产，且将该部分财产交由父母暂时管理，在儿子成婚后再将其管理权移交给儿子；另一种是只将已婚儿子分出去，剩余家产留待幼子婚娶后再逐次分出。按照当地人的观念，父母为儿子承担的责任就是建房子、分田地，当房子建好、儿子成婚，父母的义务就算完成了。这时

候，父母就不成为单独的户头了，整个家庭的责任当然也要分割给儿子。可见，在这个过程中，父母在主动计算着彼此的权利义务关系：儿子从父母那里得到房子和田地，也要承担账目和家庭责任，两者之间相比基本是对等的。父母急于分家就是觉得自己已经完成了对子女的义务，以后应该是子女独自承担责任的时候了。这时候的责任是不可预期的，一日不分家就意味着父母要多承担一日的责任和风险，所以父母有强烈的分家冲动。

②成员之间摩擦出现，家事不和时。我国传统的家庭伦理观一直认同“不分之家”，[①] 因此，为了实现主观上遵奉传统的家庭伦理而客观上又不得已而为之的平衡与统一，就采取“制造”家庭摩擦的方式。[②] 在这种情况下，儿子是不能在心理或行为上表现出来的，否则便会被视为“不孝”，媳妇则无所顾忌地在心理或行为上声明：“我要分家。”[③] 长此以往，家庭成员之间都感觉这样的合家生活维持不下去的时候，分家也就成为顺理成章的事情。[④]

③父母一方或双方去世时。

（2）分家析产的参加人员。分家析产的参与人包括主持人、受产人、见证人和其他参加者。

①主持人。主持人一般由家庭的公亲族长、娘舅[⑤]以及村委

---

① 王荣武：《当前乡村分家习俗的民俗学思考》，载《民俗研究》1994 年第 3 期，第 13 页。

② 家庭摩擦的焦点又集中在家庭关系中最难以处理的婆媳关系方面。新媳妇嫁入初期，家人尚能以客相待，因为她毕竟是“外姓人”。

③ 最一般的表现如媳妇经常没病装病，在正常的他人吃饭时间卧床不起，或隔三岔五地回娘家，对家庭其他成员（包括自己的丈夫）冷言冷语。

④ 但有意思的是，尽管儿子在心里也想闹分家，却不能爽快地答应，常是一种半推半就式的。

⑤ 舅甥如父子，再加上舅父与其姊妹的血亲关系，使得其最适于充当家务事仲裁人的角色，这在一定程度上反映了其所继承的古代传统中的舅父权。

会干部担任，他们对分家时间、财产处置等重要内容享有决定权，且组织分家活动、协调各种矛盾。

②受产人。受产人是指分割并承受家产的人，一般是被分家析产人的儿子。

③见证人。见证人分为两类，一类是被分家析产人的宗亲或妻亲，一类是无亲属关系的邻里。他们与分家析产有一定的利害关系，且使得分家情形得以在一定范围内传播、公示，更重要的作用是有效防止矛盾的发生。亲属出于情感或现实的考虑，希望在分家之后，新的家庭之间能够维持和睦，否则以后与新家庭之间也难以处理好关系。倘若亲戚在分家时产生矛盾，以后的关系往往变得更为复杂。所以，邀请证人是为将来可能发生的纠纷提供解决机制。

④其他参加者。其他参加者主要是指已出嫁的女儿和媳妇。这些人可以参加分家析产会议，但不得发表意见，也不需在分家析产文书上签名，媳妇只有通过她们的丈夫去实现对自身利益的维护。

（3）分家析产的范围。一般而言，分家析产所涉及的客体是整个家庭成员财产，包括共同财产和部分个人财产。每个家庭成员对家庭共有财产都有部分所有权和支配权，分家析产只不过是使财产各归其主。原则上，如果各个儿子已经成家的话，分家析产的范围为所有的家产；只有部分儿子成家的话，分家析产的标的仅为部分家产。“家产”的范围主要包括积极财产和消极财产两大部分：

①积极财产。积极财产包括祖产和续置财产。其中，不动产包括田、房等，这一部分财产是我国传统家庭最为重要的部分；动产则包括金钱、牲口、家具等。除此之外，家庭债权也是分家析产的标的之一。在家产范围中，以“存众田”为主要表现形式

的族房公用财产、未婚儿子的娶亲费用和待嫁女儿的出嫁费用等则均不属于分家析产的标的物。

②消极财产。根据“父债子偿”的传统规则，债务也会成为分家析产的对象。债务是指为整个家庭生活需要在外所欠债款。债务可指定儿子们分摊，也可以由一个儿子全部承担。

（4）分家析产的原则。一般情况下平均分配，但并非绝对平均；保护弱者，即对生活有特殊困难且缺乏劳动能力的，可以多分财产适当照顾；分家时一并解决现有老人的赡养问题，如划拨一部分特定的财产[①]归养老专用或决定采取子女直接轮流赡养、支付定额赡养费等方式。

（5）分家析产的形式要件。分家析产一般都会立有字据，[②]只是各地称呼不一，如“分家书”“分家单”“分单”等。虽无统一格式，但一般要载明被分财产之总额及种类、分产方法、承受财产名单、参与分产会议者名单。凡承受财产者，各执分书一份为拥有财产权利之证明。参与析产会议者都应在字据上签名，尤其是主持会议的人，[③] 以供他日之参考。[④]

（6）分家析产的后果。

①分门另过。分家析产后，“年轻一代获得了对原属其父的部分财产的法定权利，对这部分财产开始享有了专有权”，“经济上，他们变独立了，这就是说，他们各自一份财产，各有一个炉

---

① 最常见的形式为“养老房”的设定，即在分家析产的过程中，单独留下一间或两间房屋，其所有权由父母享有，在父母离世后，归属于尽了主要赡养义务的继承人。

② 习惯上使用红纸书写，以示喜庆。

③ 一般为整个家族中有一定权威的人。

④ 张利平：《以法律视角看民间继承习惯》，载《新乡教育学院学报》2009 年第 3 期，第 32 页。

灶”，即所谓的“分门另过”[①]。“但各种生活义务仍然把他们联系在一起，他们经常在生产、生活上互相帮助，关系十分密切。”[②]

②“分家”同时又是亲属关系的划分与归并。与泛化的亲属关系相比较，其一，确定了以媳妇的家族及关系为指向的亲属取向，不至于因亲属关系的混杂和不同亲属系别之间的不均等而引起的家庭内部矛盾；[③] 其二，强化了单个新家庭抵御风险与不测的能力，界定了亲属之间相互资助的责任与义务；其三，亲属关系的明晰与稳定促进了社会的进化与发展。

③增强了个人的独立意识和责任意识。在分开的小家庭里面，家庭成员较少，关系简单，居住不受太多干扰，使得夫妻二人可资感情交流的时间增多，有助于夫妻生活质量的提高和感情的融合；另外，个人独立意识的增强所带来的必然是责任意识的强化与提高，有助于人的现代化。

4.“分家析产”和“继承”关系之分析

（1）分家析产与继承的协调。从上述分家析产的习惯可以看到，其与我国传统继承制度具有许多相通点：

①贯彻父母意愿。继承法规定继承方式有法定继承和遗嘱继承，二者都是财产所有权的取得方式。民法理论认为财产所有权的取得方式有原始取得和继受取得的区别，判断标准在于是否依赖原所有人的意思。继承是继承人依赖了被继承人的意思而取得

---

① 在山西省晋中地区，子辈另起炉灶之后，儿媳应该告知其娘家人她已经分家了。这时，娘家父母就会通知五服以内直系家属及亲戚，在一个选定的日子里（一般以农历的三、六、九日为黄道吉日）去“添仓”（过去添仓主要是带粮食、日用品等，现在人们一般送礼金），用于今后生活的“启动生活资料”。

② 费孝通：《江村经济》，江苏人民出版社1986年版，第47页。

③ 如现实中较多存在的“媳妇给娘家送东西而被婆婆指责”“媳妇的生母想给女儿送东西而怕被家庭其他成员享用”的尴尬局面。

了其财产的所有权或所有权中的部分权能，[①] 所以为继受取得。分家析产往往是在父母生前进行，具体方式视家庭的类型而定，如多子家庭、独子家庭、无子家庭分别实行诸子均分、家政管理权的过渡、招婿或立嗣。分家析产往往是父母为了子女更好地发展而作出决定，或者儿子、儿媳有分家的意思后由父母通过一定方式予以挑明，可见，分家析产协议也是依据父母的意思表示导致了所有权的转移。

②贯彻养老育幼原则上的和谐。我国继承法贯彻了养老育幼的原则，[②] 同时也是我国家庭的主要职能之一。就分家析产而言，必然包含着赡养的附属义务。分家析产中的诸子均分原则，平均分财表明兄弟之间有相同的继承权，也负担着相同的对父母的赡养义务。在老百姓的观念中，父辈财产分配上的公平和子辈对父辈养老上的公平，形成一对互惠关系。尽管父母在家产分配、扶养问题上具有一定程度的决定权，但不能按自己的意志来任意分配家产，不能忽视分家的公正性，不能不考虑家庭的和睦。分家不均情形，会导致兄弟冲突、婆媳争吵等，更可能导致日后养老出现纠纷。在当前我国社会保障体系不完备的情形下，除“五保户”外，老人的赡养依然是主要靠子女。

（2）分家析产与继承法的冲突。

①发生的时间和原因不同。继承是以被继承人死亡为前提条件，被继承人死亡是引发继承法律关系的法律事实之一。被继承

---

① 如土地承包经营权。

② 《继承法》第13条第2款规定：对生活有特殊困难的缺乏劳动能力的继承人，分配遗产时，应当予以照顾。第14条规定：对继承人以外的依靠被继承人抚养的缺乏劳动能力又没有生活来源的人，或者继承人以外的对被继承人扶养较多的人，可以分给他们适当的遗产。第19条规定：遗嘱应当对缺乏劳动能力又没有生活来源的继承人保留必要的遗产份额。第28条规定：遗产分割时，应当保留胎儿的继承份额。胎儿出生时是死体的，保留的份额按照法定继承办理。

人死亡，是法律意义上的死亡，不仅包括被继承人的生理死亡，也包括了被继承人的宣告死亡。如前所述，分家析产一般发生在被继承人死亡之前。[①] 在日常生活中，在被继承人生前进行分家析产，主要是基于以下几种原因：父子之间或者儿子之间闹矛盾而家事不和；儿子年长且已娶妻而有必要单过。

②财产范围确定上的不同。继承法中可继承的客体即遗产是公民死亡时遗留的个人合法财产，强调的是死亡时遗留的个人财产，而非共有财产，所以实践中往往要划分出夫妻共有财产、家庭共有财产中专属个人所有的合法财产，且公民个人的财产是可以不断变化的，是以其死亡为时间点确定其财产范围。分家析产往往发生在父母在世时，对家庭共有财产的分割，确切地说是同居共财，“是收入、消费以及保有资产等涉及各方面的共同计算关系，即以每个人的勤劳所得和由共同资产所得的收益为收入，支出每个人的生活万端（死者的葬祭也作为重要的一项包括在内）的费用，若有剩余则作为共同的资产加以贮存，如果出现不足则坐吃资本以保全生命的那样一种维持共同生机的关系”。[②]

---

① 分家析产的这个特性，可以用来说明寡妇带产改嫁受阻力的内在原因。一般情况下，析产是随着儿子的成家而完成的，也就是说，儿子已经接受了自己父母给予他的赠与。而父母在生前就将财产遗传给儿子是有条件的，那就是在他们年老的时候得到儿子的供养，可见，财产本身具有保障的功能。当儿子早亡后，这些财产的大部分依法应当由儿子的遗孀及其子女继承，而儿子的遗孀对自己的公婆并没有法定的赡养义务，儿子的去世使得儿媳与公婆之间连接的纽带断裂，从此成为彼此不相干的两个个体。老人付出了财产，却不能够得到赡养，因此，寡妇带产改嫁会受到丈夫家族的阻止和干涉。

② 转引自陈丽洪：《中国现行继承法与民间继承习惯》，载《四川理工学院学报》2008 年第 23 卷第 3 期。

③继承主体不同。继承法中贯彻男女平等原则[①]，而民间继承习惯是将析产与赡养连在一起。由于女儿没有赡养的伦理义务，所以女儿不参与财产分配；继承法中对被继承人的范围是分顺序的，[②] 而在民间继承习惯中，家产是按人头分割，诸子均分，父母是没有继承权的，“父母没有分得财产实际上是将自己潜在的份额交由儿子来掌管，以后的生活托付于儿子，这是父母对家产分割请求权的有条件的放弃，其中包含了赡养协议的达成”。[③] 婚姻法规定，登记结婚后，根据男女双方的约定，女方可以成为男方家庭的成员，男方可以成为女方家庭的成员。所以继承法规定不会因夫妻到谁家居住，而使男子丧失或减损了其继承权。但民间“上门女婿”是不能分得生身之家的财产的，相反却可以分得岳父母家的家产。

④偿还债务上的冲突。我国继承法确立了限定继承原则，即“继承遗产应当清偿被继承人应当缴纳的税款和债务，缴纳税款和债务以他的遗产实际价值为限。超过遗产实际价值部分，继承人自愿偿还的不在此限。继承人放弃继承的，对被继承人应当缴纳的税款和债务可以不负偿还责任”。这就可能存在有“父债子

---

① 《继承法》第9条规定，继承权男女平等。因此，男女平等是我国财产继承的一项重要原则，其含义包括以下几个方面：其一，女子与男子有同等的继承权，不因婚姻状况而不同。未婚女子享有继承权，已婚女子也享有继承权，女子的继承权不因是未婚、已婚或再婚而有所改变。其二，女子享有的继承权与其从事的社会职业无关。不论女子参加社会工作，还是在家从事家务劳动，其与男子的继承权平等。其三，夫妻之间有相互继承遗产的权利。我国《继承法》第30条规定，夫妻一方死亡后另一方再婚的，有权处分所继承的财产，任何人不得干涉。其四，法律规定的法定继承人的范围和顺序平等适用于男女；代位继承和转继承制度平等适用于男女。其五，男女平等还体现在同一顺位的继承人，无论男女，对财产享有的份额是平等的。

② 第一顺序包括配偶、父母、子女；第二顺序包括兄弟姐妹、祖父母、外祖父母。

③ 何永红：《中国农村赡养习惯与国家法的背离——以湖北钟祥石巷村的调查为基础》，载《私法》2005年第7期。

不偿”的现象。而分家析产中，诸子不仅均分财产，而且得接管父母当初欠下的债务，这里的债务特指父母当初在管理家产和组织生产时以父亲的名义欠下的、严格来说应该是“家庭之债”。[①] 如果父亲欠的债儿子不予偿还，其今后在乡村邻里间难以做人。因此，只要儿子的能力能够承受父债，儿子一般会予以清偿，哪怕清偿数额有可能超过其所继承的遗产。

① 对于该问题，在遗产债务清偿一节中予以论述。

参考文献

一、著作类

1. 史尚宽：《继承法论》，五南图书出版公司 1980 年版。
2. 刘素萍：《继承法》，中国人民大学出版社 1988 年版。
3. 刘春茂：《中国民法学·财产继承》，中国人民公安大学出版社 1990 年版。
4. 佟柔：《继承法学》，法律出版社 1985 年版。
5. 费孝通：《乡土中国——生育制度》，北京大学出版社 1998 年版。
6. 梁慧星：《民法总论》，法律出版社 1998 版。
7. 张玉敏：《继承法律制度研究》，法律出版社 1999 年版。
8. 林秀雄：《民法亲属继承争议问题研究》，五南图书出版公司 1999 年版。
9. 李永军：《破产法律制度》，中国法制出版社 2000 年版。
10. 史尚宽：《民法总论》，中国政法大学出版社 2000 年版。
11. 史尚宽：《继承法论》，中国政法大学出版社 2000 年版。
12. 梁慧星：《中国物权法草案建议稿》，社会科学文献出版社 2000 年版。
13. 林城二：《民法理论与问题研究》，中国政法大学出版社 2000 年版。

14. 梁文书、黄赤东：《继承法及其配套规定新释新解》，北京：人民法院出版社 2001 年版。
15. 曾世雄：《民法总则之现在与未来》，中国政法大学出版社 2001 年版。
16. 曹诗权：《婚姻家庭继承法学》，中国法制出版社 2002 年版。
17. 蓝承烈：《民法专题研究与应用》，群众出版社 2002 年版。
18. 郭明瑞、房绍坤、关涛：《继承法研究》，中国人民大学出版社 2003 年版。
19. 徐国栋主编：《绿色民法典草案》，社会科学文献出版社 2004 年版。
20. 严存生：《西方法律思想史》，法律出版社 2004 年版。
21. 付翠英：《破产法比较研究》，中国人民公安大学出版社 2004 年版。
22. 王利明：《中国民法典学者建议稿及立法理由》，法律出版社 2005 年版。
23. 张玉敏主持：《中国继承立法建议稿及立法理由》，人民出版社 2006 年版。
24. 杨立新、朱呈义：《继承法专论》，高等教育出版社 2006 年版。
25. 程维荣：《中国继承制度史》，中国出版集团、东方出版中心 2006 年版。
26. 陈苇、宋豫主编：《中国大陆与港、澳、台继承法比较研究》，群众出版社 2007 年版。
27. 房绍坤、范李英、张洪波编著：《婚姻家庭与继承法》，中国人民大学出版社 2007 年版。
28. 刘春茂主编：《中国民法学·财产继承》，人民法院出版社 2008 年版。

29. 孙正聿：《哲学通论》，复旦大学出版社 2008 年版。
30. 陈苇（课题负责人）：《当代中国民众继承习惯调查实证研究》，群众出版社 2008 年版。
31. 蒋月等译：《英国婚姻家庭制定法选集》，法律出版社 2008 年版。
32. 金眉：《唐代婚姻家庭继承法研究——兼与西方法比较》，中国政法大学出版社 2009 年版。
33. 李宏：《遗嘱继承的法理研究》，中国法制出版社 2010 年版。
34. 郭明瑞、房绍坤：《继承法》，法律出版社 2012 年版。
35. 魏小军：《遗嘱有效要件研究——以比较法学为主要视角》，中国法制出版社 2010 年版。
36. 杜江涌：《遗产债务法律制度研究》，群众出版社 2013 年版。
37. 刘耀东：《继承法修改中的疑难问题研究》，法律出版社 2014 年版。
38. 杨立新：《继承法修订入典之重点问题》，中国法制出版社 2015 年版。
39. 陈苇主编：《外国继承法比较与中国民法典继承编制定研究》，北京大学出版社 2011 年版。
40. 李双元、温世扬：《比较民法学》，武汉大学出版社 2016 年版。
41. 陈苇主编：《婚姻家庭继承法学》，群众出版社 2017 年版。
42. 杜江涌：《家事法与家事习惯——晋中地区家事习惯调查报告》，华中科技大学出版社 2017 年版。
43. 张文显：《法理学》，高等教育出版社 2018 年版。
44. ［英］梅因：《古代法》，沈景一译，商务印书馆 1997 年版。
45. ［日］大须贺明：《生存权论》，法律出版社 2001 年版。
46. ［印］阿马蒂亚·森：《以自由看待发展》，任赜、于真译，中国人民大学出版社2002年版。

47. ［英］安德鲁·伊沃比：《继承法基础》（第2版），武汉大学出版社2004年版。

48. ［美］杰西·杜克米尼尔、斯坦利·M. 约翰逊：《遗嘱、信托、遗产》，陈苇编译，西南政法大学外国家庭法及妇女理论研究中心内部资料，2006年。

49. ［意］彼德罗·彭梵得：《罗马法教科书》，黄风译，中国政法大学出版社2018年版。

二、法典类

50. 渠涛译：《最新日本民法典》，法律出版社2006年版。

51. 黄道秀：《俄罗斯联邦民法典》，北京大学出版社2007年版。

52. 徐靖注译：《最新路易斯安那民法典》，法律出版社2007年版。

53. 罗结珍译：《法国民法典》，北京大学出版社2010年版。

54. 陈国柱译：《意大利民法典》，中国人民大学出版社2010年版。

55. 王爱群译：《日本民法典》，法律出版社2014年版。

56. 戴永盛译：《瑞士民法典》，中国政法大学出版社2016年版。

57. 陈卫佐译：《德国民法典》，法律出版社2017年版。

三、论文类

58. 河流：《论遗嘱自由之限制》，载《河北法学》，2000年第2期。

59. 陈苇、杜江涌：《我国法定继承制度的立法构想》，载《现代法学》2002年第3期。

60. 张泽传：《两大法系遗嘱执行人制度比较》，载《贵州师范大学学报》2002年第2期。

61. 李滇:《浅议无因管理之债的价值与救济》, 载《东岳论坛》2003 年第 6 期。
62. 卢文锋:《论遗产债权的法律保护》, 安徽大学 2003 年硕士学位论文。
63. 陈苇、杜江涌:《中国农村妇女土地使用权与物权法保障研究》, 载《家事法研究》2005 年卷。
64. 何永红:《中国农村赡养习惯与国家法的背离——以湖北钟祥石巷村的调查为基础》, 载《私法》2005 年第 7 期。
65. 杜江涌:《解读与重构: 继承中的财产移转机制研究——以"和谐社会"理念为视角》, 载《云南行政学院学报》2006 年第 3 期。
66. 魏小军:《我国四法域遗嘱方式立法比较研究》, 载《政法学刊》2007 年第 1 期。
67. 张利平:《以法律视角看民间继承习惯》, 载《新乡教育学院学报》2009 年第 3 期。
68. 梁分、刘文革:《打印遗嘱效力研究》, 载《人民司法》2010 年第 11 期。
69. 杜江涌:《比较法视野下的遗产范围制度研究》, 载《河北法学》2010 年第 4 期。
70. 金生鈜:《公共价值教育何以可能》, 载《华中师范大学学报》2010 年第 4 期。
71. 陈法:《论我国公证遗嘱的效力位阶》, 载《现代法学》2010 年第 5 期。
72. 梁分:《遗嘱内容相抵触诸问题探讨——以两起遗嘱继承纠纷为例》, 载《法律适用》2010 年第 6 期。
73. 高雪蕾:《对公证遗嘱的思考》, 载《法制与社会》2011 年第 21 期。

74. 宗静:《公证遗嘱的法律效力探究》，复旦大学2011年硕士学位论文。

75. 陈协心:《遗嘱公正打印形式的法律问题》，载《中国公证》2011年第9期。

76. 杨显滨:《论胎儿利益的民事立法保护》，扬州大学2011年硕士学位论文。

77. 付翠英:《遗产管理制度的设立基础和体系架构》，载《法学》2012年第8期。

78. 杨成良:《公证遗嘱效力优先性质疑》，载《西安电子科技大学学报》2012年第6期。

79. 孙毅:《继承法修正中的理论变革与制度创新——对继承法修正案草稿建议稿的展开》，载《北方法学》2012年第5期。

80. 陈凯、李春:《新型遗嘱与〈继承法〉的完善》，载北京律师协会:《婚姻家庭法律疑难问题——典型案例》，北京大学出版社2012年版。

81. 孙毅:《论遗嘱形式的缓和主义进路——以〈继承法〉修改的相关理念变革为中心》，载《求是学刊》2012年第4期。

82. 郭明瑞:《论遗嘱形式瑕疵对遗嘱效力的影响》，载《求是》2013年第2期。

83. 房绍坤:《遗嘱形式完善三题》，载《苏州大学学报（法学版）》2014年第4期。

84. 刘秀清、张梅:《浅议公证遗嘱》，载《法制与社会》2014年第25期。

85. 胡兰:《我国网络虚拟财产的法律保护》，载《法制与社会》2018年第5期。

四、外文资料

86. R. Dworkin, Taking Rights Seriously (revised edition), by Har-

vard University Press, pp. 272—273.

87. Arthur Hartkamp etc: Towards a European Civil Code and Edition, Kluwer law international, 1998.

88. David D. Friedman: What Economics Has to Do with Law and Why It Matters, Sanra Clara Press, 2004.

89. Richard A. Posner: Economic Aalysis of Law, Brown and Company, 1992.

90. Christian Stewart, Analysis: Estate Duty Planning For Partners, Hong Kong Law Journal, 1997.

91. Andrew Halkyard, Hong Kong Estate Duty: A Blueprint For Reform, Hong Kong Law Journal, 2000.

92. Mary F. Radford And F. Skip Sugarman, Georgia's New Probate Code, Georgia State University Law Review, 1997.

93. John H. Langbein, The Nonprobate Revolution And The Future of The Law of Succession, Harvard Law Review, 1984.

后　记

都说十年磨一剑。

从 1999 年到本书完成的 2019 年末，我用了整整 20 年的时间来关注、研究继承法律问题。其间，随着年龄的增长、世事的体验、认知的丰富，对于“继承”这个和“死亡”相关的词汇有了更深、更多维度的体会与思考。

关于继承，对于民众而言，需要树立三个观念：

第一，于继承人而言，继承是额外所得，有之，锦上添花，我们心存感恩；没有，生活依旧，我们要尽到为人子女的本分。不以遗产论“孝顺”，不以多寡论“英雄”。

第二，一个具有以信用为基础的经济制度的社会，不能依靠曾被接受的债务同死者一起消亡的原则运行。生前遗产债务的有效清偿，对社会秩序的稳定至关重要。

第三，意思自治是现代私法的核心价值，我们要尊重被继承人的意思表达；同时，要衡平意思自治和国家干预。

我们留下物质，更要留下精神。

……

人，活着，总要为子孙留下点什么；

人，活着，总该为家庭付出点什么；

人，活着，总该为社会做出点什么。

我希望自己能够成为一个对社会有用的人，希望我的专业、我的研究能够给大家留下点什么、做出点什么、带来点什么。